UM SALTO PARA O SUCESSO

Um salto para o sucesso

1ª edição: Outubro 2024

Autora:
Léo Áquilla

Preparação de texto:
Gabrielle Carvalho

Revisão:
Debora Capella
Iracy Borges

Projeto gráfico:
Luisa Tavares

Capa:
Jéssica Wendy
Foto por Moises Pazianotto

DADOS INTERNACIONAIS DE CATALOGAÇÃO NA PUBLICAÇÃO (CIP)

Áquilla, Léo
Um salto para o sucesso / Léo Áquilla.
– Porto Alegre : Citadel, 2024.
144 p.

ISBN 978-65-5047-527-7

1. Transexuais – Brasil – Biografia 2. Políticos – Brasil – Biografia I. Título

24-4401 CDD 920.9306768

Angélica Ilacqua – Bibliotecária – CRB-8/7057

Produção editorial e distribuição:

CITADEL Grupo Editorial
contato@citadel.com.br
www.citadel.com.br

LÉO ÁQUILLA

UM SALTO PARA O SUCESSO

CITADEL
Grupo Editorial

2024

SUMÁRIO

PREFÁCIO

PREFÁCIO

Começo este prefácio com uma frase de Cora Coralina que diz bem assim: *"Eu sou aquela mulher que fez a escalada da montanha da vida, removendo pedras e plantando flores".*

Essa frase é muito poderosa e conecta diretamente com o título e o tema deste livro, destacando a perseverança e a capacidade de transformar dificuldades em beleza.

Confesso a você que, quando fui convidado por minha amiga Léo Áquilla, a quem admiro e respeito há muitos anos, para escrever o prefácio deste livro, me senti honrado e ao mesmo tempo desafiado.

Honrado porque acompanho de perto sua trajetória repleta de superação, coragem e resiliência que inspira milhares de pessoas por todo o país. Desafiado porque capturar em poucas palavras a grandiosidade de sua história e o poder transformador de suas mensagens não é uma tarefa fácil, mas aqui estou eu para deixar uma semente no seu coração que, com certeza, irá até o final desta obra e terminará a leitura, se sentindo, no mínimo, uma pessoa mais forte e inspirada!

Posso afirmar que **Um salto para o sucesso** não é apenas um livro; é um testemunho de vida. Léo Áquilla nos convida a percorrer sua jornada desde os dias difíceis no Capão Redondo, onde enfrentou preconceitos, abusos e a dolorosa negação de sua identidade, até se tornar uma figura pública respeitada, ativista, artista e voz poderosa da comunidade LGBTQIAPN+. Mais do que narrar fatos, Léo nos envolve em suas experiências, revelando as estratégias que desenvolveu para não apenas sobreviver, mas triunfar.

Ao longo destas páginas, você encontrará sete estratégias que moldaram o sucesso da Léo. Não são fórmulas mágicas ou promessas vazias, mas princípios que nascem da dor, da vontade de existir plenamente e do desejo de inspirar outras pessoas a buscarem sua própria voz. Uma missão forte, um movimento! Esses ensinamentos são mais que conselhos; são chaves para a transformação pessoal e coletiva.

Léo Áquilla transforma desafios em aprendizado, fraquezas em força e, acima de tudo, abraça o amor como uma postura de vida. Sua história é um lembrete poderoso de que, mesmo nas circunstâncias mais adversas, é possível encontrar dentro de si a força necessária para dar um salto em direção aos seus sonhos.

Este livro é para todos as pessoas! Para aqueles que já se sentiram invisíveis, para quem precisa de uma inspiração para continuar lutando e para quem deseja aprender sobre a importância de respeitar e celebrar a diversidade. Léo não se contenta em ser apenas uma voz; ela quer que todas as pessoas sejam ouvidas, reconhecidas e amadas.

Prepare-se para uma leitura que vai além das palavras. **Um salto para o sucesso** é um convite a viver com mais coragem, mais autenticidade e, claro, com saltos mais altos. Nos pés e na vida!

WILLIAM SANCHES

Terapeuta e escritor

INTRODUÇÃO

"Os homens sempre perguntam se dói usar salto alto. Dói, dói sim. Mas nós, mulheres, aprendemos a suportar a dor sem cair. Mesmo quando o assunto não é sapato."

TATI BERNARDI

UM SALTO PARA O SUCESSO

A memória mais antiga que tenho da minha vida é do dia em que, prestes a completar seis anos de idade, minha mãe perguntou o que eu queria ganhar de presente. Lembro-me como se fosse hoje. Mamãe usava um vestido branco estampado com flores vermelhas e bobes nos cabelos. Eu estava sentada entre suas pernas, olhando para o piso de cimento vermelhão desbotado, enquanto ela penteava os meus cabelos. Faltavam cinco dias para o meu aniversário. Na época, eu morava com minha família (pais, duas irmãs e dois irmãos) numa casa na região sudoeste de São Paulo, em um bairro conhecido internacionalmente pela sua violência: o Capão Redondo.

Prontamente respondi que queria uma boneca. Mas ela me explicou que boneca era coisa "de menina". Na minha inocência infantil, rebati: "Já sei, então quero um boneco!". Mais uma vez, ela deixou claro que eu tinha de mudar de ideia. Pois boneca ou boneco, não importava o sexo, era brinquedo de menina – e eu era um menino. Naquele momento, pela primeira vez, entendi que eu era diferente e, principalmente, que isso me traria problemas. A partir daí, começaram as negações. Não pode brincar de boneca. Não pode usar essa roupa. Não pode falar desse jeito. Não pode usar batom. Não pode deixar o cabelo crescer. E assim por diante.

As negações vieram seguidas de abusos de todo tipo. Físico, emocional, sexual... Isso sem contar o preconceito, a exclusão e a invisibilidade. Tudo o que uma criança LGBTQIAPN+ e afeminada poderia sofrer, eu sofri. Condições que foram exacerbadas, é claro, pela pobreza e pela falta de acesso à educação de qualidade no ambiente em que cresci. Por isso, quando ouço uma pessoa dizer "Que saudade da minha infância", logo penso: "Deus me livre". No país em que a estimativa média de vida das pessoas trans é 35 anos,[1] consegui ir além das estatísticas. Todas as setas do fracasso estavam apontadas para mim. Ainda assim, sobrevivi. E venci.

Para quem ainda não me conhece, meu nome é Léo Áquilla, tenho 53 anos, sou formada em Marketing e em Jornalismo pela Universidade Anhembi Morumbi, com pós-graduação em Jornalismo Político pela PUC-SP. Comecei minha carreira como artista transformista na noite de São Paulo, com performances de dublagem. A fama me levou para a televisão, onde participei de inúmeros programas, como *Noite Afora*, *A Tarde é Sua*, *Superpop* e *A Fazenda*. Também estudei canto lírico e já tive a oportunidade de me apresentar no Theatro Municipal de São Paulo.

São conquistas maravilhosas, pelas quais batalhei muito, e que me levaram a uma posição social e pública confortável. Mas que não foram o suficiente para eu me sentir completa. Queria ser

1. Segundo dados da Associação Nacional de Travestis e Transexuais (Antra), de 2023.

mais do que formadora de opinião. Queria ajudar outras pessoas, especialmente aquelas de quem ninguém se lembra, a mudar de vida também. Assim, acabei entrando no mundo da política. Atualmente, além de deputada federal (MDB) suplente, sou presidente nacional do MDB Diversidade e membra da Comissão de Ética MDB. Durante mais de um ano, entre 2023 e 2024, também fui coordenadora municipal da Diversidade – a primeira mulher trans a ocupar o cargo na cidade de São Paulo, vale ressaltar. Por último, mas não menos importante, sou mãe de dois jovens adultos e avó de uma menina preta linda (que é o meu xodó).

Até aqui, como você deve imaginar, foi uma longa jornada, que percorri de salto alto na maior parte do tempo, a propósito. Porque uma vez que aprendi a usá-lo como uma ferramenta de empoderamento, ainda nos tempos de artista, nunca mais o tirei dos pés. Por ora, fiz apenas um resumo da minha história. Vem comigo que nos próximos capítulos vou não só compartilhar minhas batalhas a fundo, como também vou contar como consegui obter sucesso. Apesar de todo o abuso, de todo o preconceito, de toda a exclusão e de toda a invisibilidade.

E de onde vem essa força? Em primeiro lugar, acredito que seja de Deus. Além disso, desde a infância, desenvolvi sete estratégias que se tornaram a base da realização das minhas metas, as quais vou revelar a você ao longo deste livro. A primeira delas, como mostrarei no capítulo 4, é **"Seja a melhor em tudo o que faz"**. Pois, ao se tornar indispensável, as portas do reconhecimento vão se abrir cada vez mais para você. Como aconteceu comigo. Para sobreviver em lugares em que eu não podia ser eu mesma, lutei para ser a primeira da fila sempre, a fim de que outras "falhas" fossem ignoradas. Tanto em casa quanto na escola ou na igreja, já que esses ambientes eram hostis para pessoas como eu naquela época.

Eu sempre busquei excelência em tudo o que faço. Por isso, a segunda estratégia, conforme você vai ver no capítulo 5, é **"Jamais aceite o não"**. Se alguém disser que eu não vou conseguir algum de meus sonhos, uma das razões que me movem é justamente provar o contrário. Só para citar um exemplo (porque são vários!), as pessoas riam de mim quando eu, desde criança, dizia que um dia seria famosa. Mas elas estavam erradas...

Só que não dá para esperar sentada, é lógico. Sendo assim, chamei a terceira estratégia de **"Faça acontecer"**. Como você deve imaginar, não ganhei nada de graça na vida. Com persistência, trabalho e estudo, corri atrás e realizei tudo (e até mais) que um dia sonhei. Foi assim com a arte e tem sido assim com a política. Como diz a canção de Geraldo Vandré, "quem sabe faz a hora, não espera acontecer".

Além de planejamento, a gente precisa de uma boa dose de organização. De modo que a quarta estratégia, **"Use o tempo a seu favor"**, é sobre criar uma rede de apoio com pessoas da sua confiança. Ela deve ser construída com pessoas e com instituições também. Confesso, porém, que tenho muita dificuldade em seguir a próxima estratégia: **"Escolha suas batalhas"**. Eu tenho mania de querer abraçar o mundo, sim. Não por acaso, ganhei o apelido de mãe da comunidade LGBTQIAPN+. Mas é preciso escolher as suas lutas para não perder o foco. Ao longo do caminho, muitas vezes temos de abrir mão de certas conquistas em detrimento de outras – até mesmo na vida amorosa.

A sexta estratégia traz um tema que atravessa a luta contra o preconceito: a humanidade. Em **"Seja humano"**, vamos falar sobre a importância de reconhecer as próprias falhas. Não precisamos sentir vergonha disso, porque as nossas fraquezas também nos fazem humanos e nos conectam uns aos outros. Como sempre digo, sozinho ninguém é feliz.

Para concluir, a sétima e última estratégia é uma das mais importantes. Tem tanta relevância para mim que virou um lema de vida: **"Decida amar"**. Em tempos de ódio e polarização, acho que não preciso nem explicar por que escolher o amor é o melhor caminho, certo? Vejo esse sentimento florescer em muitas pessoas da comunidade LGBTQIAPN+. Para mim, a explicação é que o amor está no nosso DNA. Teorias à parte, fato é que essa tática deu certo para mim, e vai dar para você também, acredite!

Espero que essas etapas inspirem você a lutar por seus direitos. Não tive muitas referências de mulheres trans poderosas ao longo da vida, por isso também acho fundamental compartilhar a minha história e tudo o que me trouxe até aqui. Incluindo os erros e os acertos. Mas não escrevi este livro apenas para as minhas irmãs LGBTQIAPN+. E sim para todas as mulheres, cis e trans, bem como para qualquer pessoa que ousa sonhar com um mundo mais igualitário e justo. Acredito que a nossa mulheridade tem de ser celebrada – tanto por homens quanto por mulheres – na sua amplitude. Apesar do projeto machista, que continua a ser orquestrado de maneira silenciosa, de colocar as mulheres umas contra as outras, jamais esqueça: juntas somos mais fortes.

CAPÍTULO 1

PELO DIREITO DE EXISTIR

Era a década de 1970, e o movimento disco estava no auge. Quando os hits das pistas tocavam, todo mundo tinha vontade de dançar. Eu amava e ficava louca, desesperada para levantar, mas tinha que me segurar porque sabia que, se fizesse isso, daria a maior bandeira. Se eu me soltasse, aquela menina que eu não tinha permissão de ser apareceria imediatamente, e a consequência era sempre ruim. Eu era sempre a chacota, levava um tapa aqui, um puxão de orelha ali – e isso para falar só do começo. Eu não podia arriscar. Precisava manter o meu eu verdadeiro o mais invisível possível para me proteger. Era uma questão de sobrevivência.

Eu fazia de tudo para me esconder, para que ninguém me visse e para não ter de sofrer tudo de ruim que eu já sabia que viria caso me notassem. Ao mesmo tempo, ninguém tentava, de fato, me enxergar. Até me viam, mas ignoravam quem eu era – o que por um lado era até bom, assim eu não era importunada. Eu era, simultaneamente, invisível e invisibilizada, o que é uma característica muito comum, sobretudo na infância e na adolescência, de pessoas LGBTQIAPN+, como eu.

> **Ao mesmo tempo, ninguém tentava, de fato, me enxergar.**

A sigla LGBTQIAPN+, que hoje tem dez caracteres, ainda nem existia naquela época. O termo LGBT surgiu só em meados da década de 1990. Antes disso, usava-se apenas GLS, para identificar gays, lésbicas e simpatizantes (seja lá o que isso signifique). Na minha época, era só viado mesmo. Pode parecer um detalhe para quem vê de fora, mas a nomenclatura é muito importante para a representação e identificação de um grupo minoritário e historicamente invisibilizado.

Atualmente, temos o L (Lésbicas), G (Gays), B (Bissexuais), T (Transexuais e travestis), Q (Queer), I (Intersexo), A (Assexuais), P (Pansexuais), N (Não binários) e + (Diversas possibilidades de identidades de gênero ou orientação sexual). A sigla cresce conforme o debate sobre gênero e sexualidade avança, e cada adição é fundamental para que essa parcela da população seja, finalmente, vista e minimamente compreendida. Só a partir do reconhecimento é possível reivindicar proteção, garantias e segurança para essas pessoas que sofrem com a ausência de plenos direitos em várias partes do mundo.

Aos nove anos, repeti pela terceira vez a 1ª série do Ensino Fundamental. Foi quando percebi que estava completamente abandonada com a minha vida, porque não tinha ninguém, naquela época, que olhava para aquela criança LGBT em um bairro extremamente perigoso como o Capão Redondo, no extremo sul da cidade de São Paulo. Cresci cercada por todo tipo de violência e achava que, como eu era diferente, não merecia ser amada. Sofri diversos abusos e, quando eu ameaçava denunciá-los, os abusadores diziam que ninguém acreditaria em mim. Todo mundo na minha família sabia que eu era gay, mas ninguém falava sobre isso. Eu me sentia silenciada. Quando olho para trás e vejo aquela criança, me emociono, porque ela não tinha um lugar de paz. Como foi que ela encontrou forças para resistir?

Essa criança negada, invisibilizada, maltratada e surrada, sofreu danos irreversíveis. As chances de tudo ter dado errado na vida dela eram enormes. Acontece mais ou menos nesta ordem: primeiro, os adultos esvaziam a criança, tirando tudo dela, anulando-a e invalidando-a. Ela não pode ter nada do que deseja e não pode ser quem é. Esse cabelo não pode, essa maquiagem não pode, boneca não pode, dançar assim não pode. Então, quando a criança já está oca, vazia, a sociedade despeja sobre ela a heteronormatividade compulsória, que é algo totalmente nocivo – até mesmo para pessoas heterossexuais. Mas a criança LGBTQIAPN+, principalmente, tem seu desenvolvimento e sentimento abafados por essa imposição. É uma irresponsabilidade não a enxergar e não pensar no futuro dela. Seria muito mais fácil acolhê-la e deixar a natureza fluir, porque sabemos que não existe "cura para o que não é doença". Nem toda a surra do mundo adianta – e olha eu aqui para provar.

Quando ouço de conservadores frases como "Deixem nossas crianças em paz", me pergunto: que paz? Uma criança LGBT não tem paz. Na verdade, essa "paz" a que se referem é a deles, de não precisar lidar com a questão e empurrá-la lá para a frente. Eles pensam: quando essa criança crescer, ela resolve – ou se mata. Sim, porque muitas chegam à vida adulta completamente desequilibradas, sem saúde mental e sem estudo, porque a evasão escolar é gigante. Mais de 80% das pessoas trans abandonam os estudos entre catorze e dezoito anos no Brasil.[2] As pessoas não dão conta de continuar frequentando a sala de aula porque o bullying é intenso. E tal qual ocorre nos demais setores da sociedade, os professores também não estão preparados para acolher a comunidade LGBTQIAPN+. Não é à toa que vemos altas taxas de suicídio nesse grupo também.

Uma das minhas estratégias de sobrevivência foi me abrigar na arte. Tanto quanto eu sabia que era menina, eu sabia que era artista. Era algo que estava na minha alma. Minhas brincadeiras já eram sempre pensando em televisão, teatro, shows. Aos doze anos, comecei a estudar artes cênicas e a fazer teatro na escola. Eu queria ser artista e aparecer na televisão, mas não só pela fama, e sim para ser ouvida, bem como ter alguma autoridade, ou seja, algum poder para mudar o mundo. Eu queria ter a voz que me havia sido negada desde sempre.

Eu me escondia, então, atrás dessa personagem.

Mais adiante, como transformista, eu tinha uma desculpa perfeita. Afinal, eu não era considerada uma travesti, e sim um ator, performando um papel. Um personagem que na minha cabeça seria mais fácil de ser aceito pelas pessoas ao meu redor, especialmente pela minha família. Como comecei a fazer sucesso me apresentando como drag queen, eu andava mais montada do que desmontada, o que supria um pouco essa necessidade que eu tinha. Eu me escondia,

2. Rede Nacional de Pessoas Trans do Brasil, 2017.

então, atrás dessa personagem. Mas ainda levaria anos para admitir que aquela era eu mesma.

Embora soubesse que era mulher desde cedo, por sempre ter me sentido uma menina, como falei, eu era proibida de ser quem eu era de verdade. E essa censura vinha não só dos outros, mas também de mim mesma. No fundo, eu pensava que havia algo de errado comigo. Até porque as referências que eu tinha de pessoas trans naquela época eram poucas e ruins.

Lá atrás, não existia essa consciência de que eu poderia ser o que eu quisesse, isto é, chiquérrima, coordenadora, jornalista, apresentadora. Cresci ouvindo dizer que travestis estavam destinadas à prostituição, às drogas e à marginalidade. Eu não queria aquela vivência para mim. Por isso, eu mesma me impus muitos bloqueios. Tanto que a minha transição, de fato, só começou depois dos quarenta anos.

Também ouvia sempre, na Igreja Católica, que minha mãe nos obrigava a frequentar, que "isso" era pecado, que eu iria para o inferno, que Deus não amava quem era "assim", só para citar alguns dos "ensinamentos" daqueles que diziam amar o próximo. Então, eu fazia até promessas para tentar mudar. Eu tinha medo de falar sobre isso até para mim mesma, embora eu soubesse o que eu era. Apenas não queria admitir.

Cheguei a ir para Aparecida do Norte (SP), onde atravessei a passarela inteira de joelhos, pedindo para ser diferente. Alguns anos depois, fui para a Igreja Evangélica e até tentei relacionamentos héteros. Foi nessa época que nasceu meu primeiro filho, Vitor. Obviamente, nada disso foi capaz de varrer para debaixo do tapete a potência da minha verdadeira identidade.

UM NOVO TEMPO

De lá para cá, o mundo deu muitas voltas, e eu também. Hoje, sou uma mulher trans empoderada, mãe zelosa e avó da pequena Heloísa. Conquistei fama, sucesso e dinheiro. Tenho formação acadêmica, ajudei e sigo ajudando não só a minha família, mas também muita gente, sobretudo pessoas que pertencem à comunidade LGBTQIAPN+. Tenho um cargo público, cuja principal missão é brigar pelos nossos direitos, na metrópole mais populosa da América Latina: São Paulo. Não só não preciso mais me esconder, como represento outras pessoas como eu na população brasileira. Luto para que sejamos vistas.

Depois de décadas sofrendo todas essas violências, foi simbólico subir em um palco, no dia 29 de janeiro de 2024, devido à celebração de vinte anos do Dia da Visibilidade Trans no Brasil, como primeira pessoa trans no cargo de coordenadora de Políticas para LGBTI, da Secretaria Municipal de Direitos Humanos e Cidadania (SMDHC), de São Paulo. Lá, com o microfone em punho, minha voz ressoou com firmeza, e eu pude dizer, em alto e bom som, para quem quisesse ouvir, mas principalmente para aquela menina amedrontada, violentada e invisibilizada que fui um dia: "Daqui, não saio sem ser ouvida. Que ninguém nunca mais jogue a gente para debaixo do tapete, porque não somos sujeira. E, para o armário, nunca mais. Armário é lugar de coisas, e não de pessoas. Viva a diversidade!". Até porque não há mais armário em que a gente caiba.

Na esfera pública, foram anos de luta até que a comunidade LGBTQIAPN+ conquistasse muito mais do que a sigla, com todas as suas adições. Atualmente, somos reconhecidos, temos direitos, LGBTfobia passou a ser crime, podemos usar nosso nome social em documentos, ganhamos mais representantes importantes no poder público. Mas, infelizmente, não dá para esquecer que a luta está só no início, ainda há muitos desafios pela frente.

Embora a homofobia seja crime desde 2019, na prática vemos que é muito difícil haver punição de fato. Sobrevivi contra todas as probabilidades e venci, em cima de um salto alto. Isso, porém, não basta. Quero levar todo mundo comigo. Você aceita meu convite?

CAPÍTULO 2

UMA LUTA COLETIVA

Se você ouvisse alguém contando que uma pessoa foi "apedrejada", provavelmente pensaria primeiro no sentido figurado da palavra. Talvez imaginasse ser uma forma reforçada de dizer que a pessoa em questão foi criticada, julgada ou insultada. O sentido literal parece algo antiquado, a ponto de remeter aos textos bíblicos. É quase impensável alguém ser literalmente apedrejado nos dias de hoje. Mas eu fui. Aos dezoito anos, trabalhava durante o horário comercial e estudava à noite. Certa vez, enquanto caminhava de volta para casa ao fim de um longo dia, um grupo simplesmente começou a atirar pedras em minha direção, me acertando com várias delas. Essa tragédia foi um enorme ponto de virada em minha vida.

Naquele momento, tive a certeza de que eu precisava sair daquele bairro o quanto antes. Imediatamente, aliás. Até para não ser morta, como já tinha visto acontecer com tantas outras pessoas por ali. Para você ter uma ideia, meu bairro era tão violento que, quando ainda era criança, eu me lembro de brincar contando quantos corpos pulávamos no caminho de casa até a escola. Isso mesmo, corpos, no sentido literal: cadáveres de pessoas assassinadas. Até que um dia me deparei com o corpo do meu próprio irmão. Ele havia levado nove tiros.

Crescendo com tanta barbaridade ao redor, desde cedo, não foi uma surpresa tão grande para mim ter me tornado um alvo direto naquela noite. Sobretudo porque, ainda que de forma velada até ali, eu pertencia a um grupo social que valia menos do que um cachorro. Era só uma questão de tempo. Outro motivo pelo qual aquele episódio impulsionou uma transformação importante na minha trajetória foi o fato de ter me obrigado a me assumir para a minha família.

Eu não teria como explicar, de outra forma, por que estava chegando em casa, naquela época antes da transição, daquele jeito, sujo e machucado. Aos dezoito, eu me assumi homossexual porque era uma realidade da qual eu já não aguentava mais fugir. O peso era muito grande para carregar sozinho. Sim, *sujo*, *machucado* e *sozinho*, no masculino, porque ainda levaria muitas décadas para eu entender ou admitir, até para mim mesma, que eu era uma mulher trans.

Como já contei antes, era nítido que eu era "diferente", desde a infância. Por isso, sair do armário como um homem gay também já era esperado por algumas pessoas do meu convívio. Ainda assim, foi um longo processo. Depois que me assumi homossexual, um dos meus irmãos ficou quase dez anos sem falar comigo. Lembro também de minha mãe ter dito que "aceitaria tudo de mim, menos que eu virasse trans". Hoje, entendo que na cabeça dela aquela era uma forma de preocupação – e de medo também! Como as

Era nítido que eu era "diferente".

referências de travestis eram negativas na época, a apreensão era de que eu me tornasse uma garota de programa com todos os problemas que isso acarreta – o preconceito talvez fosse o de menos. No entanto, essa fala serviu como mais um bloqueio.

A família é a primeira fonte de apoio que uma criança tem.

Sabemos que a família é a primeira fonte de apoio que uma criança tem. Ela depende daquele núcleo para sobreviver, crescer e desenvolver seu potencial, com todos os defeitos e virtudes. Por isso é tão importante que exista um espaço aberto para o diálogo. Os estudos mostram que assim ela tem mais chance de prosperar e aprender melhor, além de correr menos risco de sofrer com problemas de saúde mental, de se envolver com drogas ou de ser marginalizada, por exemplo.

Quando se trata de uma criança que, de alguma forma, quebra a expectativa dessa família, o suporte pode ser mais difícil. Isso acontece, em geral, com os LGBTQIAPN+, mas também com outros grupos, como nos casos de gravidez na adolescência, vício ou simplesmente quando o que essa criança quer para a vida não converge para o que os pais esperavam dela. É comum que essas pessoas saiam de casa mais cedo, muitas vezes expulsas, e sejam obrigadas a buscar outras formas de sobrevivência, tornando-se mais vulneráveis e expostas a tudo o que há de pior na sociedade e nas ruas.

É preciso compreender, entretanto, que os pais também têm dificuldade de oferecer, pelo menos a princípio, o suporte de que um filho LGBTQIAPN+ precisa. Eles também enfrentam dilemas, medos, julgamentos, desamparo. Não dá para negar o baque que é saber que o seu filho vai se deparar com imensos desafios, apenas porque o mundo o rejeita. Certamente não é simples hoje, e era ainda mais complicado quando eu tinha dezoito anos. Por isso, de certa forma, compreendo a reação da minha família.

PRECONCEITO MATA

Além da rejeição dentro de casa, eu ainda enfrentaria outros obstáculos no mundo lá fora. Entre o final da década de 1980 e o começo da década de 1990, vivíamos a era do HIV/aids, um vírus que dizimou a população LGBTQIAPN+, não só pela infecção em si, mas também pelo preconceito. Para se ter uma ideia, quando os primeiros casos foram confirmados no Brasil, a doença era chamada de "peste gay". Só pelo uso desse termo é possível ter uma ideia de como a nossa comunidade era tratada diante do estigma criado em torno da doença.

O preconceito era – e ainda é – um grande empecilho para conquistarmos direitos básicos, como acesso a educação, saúde, moradia e emprego dignos. Além disso, ele mata. E aqui, de novo, digo de maneira literal. Há anos, tragicamente, o Brasil é o país que mais reporta assassinatos de pessoas trans no mundo.[3] Eu mesma já perdi várias pessoas próximas por conta disso. Tive amigos cujas vidas foram tiradas como "queima de arquivo". São casos em que eles são simplesmente mortos, depois de ter, por exemplo, uma relação com um heterossexual que se arrepende, se vê em uma espécie de ressaca moral e resolve matar o outro para "eliminar o problema".

Também já vi pessoas próximas cometendo suicídio por não aguentarem o tranco. Não é só "tiro, porrada e bomba" que acaba

3. TRANSRESPECT VERSUS TRANSPHOBIA WORLDWIDE. Trans Murder Monitoring (TMM). Disponível em: https://transrespect.org. Acesso em: 27 jul. 2024.

com a gente. Às vezes, pode ser uma palavra dita na hora errada, como em um momento em que a pessoa já está sobrecarregada, com problemas que leva consigo desde a infância. Se, naquele dia em que ela não está bem, alguém faz um simples comentário na internet, pode ser a gota d'água que faz o copo transbordar.

Esse cenário trágico está conectado à heteronormatividade compulsória, que dita as regras da nossa sociedade, excluindo os grupos que não se encaixam nesse padrão. E o que é isso, afinal? É o conceito de que somente relacionamentos heterossexuais, entre pessoas de sexos opostos, são normais e corretos. É uma perspectiva, portanto, que marginaliza as orientações sexuais que diferem disso.

O machismo, que privilegia os homens e se opõe à igualdade de direitos entre os gêneros, é violento e aprisionador. Não apenas para as mulheres e para a comunidade LGBTQIAPN+, como também para os próprios homens. "O modo como criamos nossos filhos homens é nocivo: nossa definição de masculinidade é muito estreita. Abafamos a humanidade que existe nos meninos, enclausurando-os numa jaula pequena e resistente. Ensinamos que eles não podem ter medo, não podem ser fracos ou se mostrar vulneráveis, precisam esconder quem realmente são", escreve a escritora nigeriana Chimamanda Ngozi Adichie, em seu best-seller mundial *Sejamos todos feministas*.[4] O resultado disso é muita violência e sofrimento para todos, inclusive para eles mesmos. Como diz o psicólogo americano William Pollack, "Os meninos choram balas porque não podem chorar lágrimas".[5]

4. ADICHIE, C. N. *Sejamos todos feministas*. Traduzido por Cristina Baum. São Paulo: Companhia das Letras, 2015.

5. ECHEVERRIA, M. Como criar meninos hoje. *Crescer*, 27 ago. 2019. Disponível em: https://revistacrescer.globo.com/Criancas/Desenvolvimento/noticia/2019/08/como-criar-meninos-hoje.html. Acesso em: 27 jul. 2024.

“Os meninos choram balas porque não podem chorar lágrimas.”

Entre os muitos rótulos que são frutos do machismo e da heteronormatividade está a associação de mulheres trans a sexo. As pessoas acreditam que só pensamos nisso, o que está longe de ser verdade. No meu caso, especificamente, é bem o contrário. Não sou de ter encontros ou namoros rápidos. Sou mais adepta dos relacionamentos longos, sérios e monogâmicos, com um nível maior de comprometimento. Como já sofri muito assédio e abuso, são poucas as ocasiões em que converso com um homem na rua. Acabei aprendendo que, normalmente, quando um homem se aproxima de mim, só há três caminhos: ou ele vai 1) me assediar, 2) me agredir ou 3) me usar como chacota para tirar sarro de alguém. Então, evito.

POR UMA VIDA MELHOR

Se você acha que a batalha contra todo esse preconceito é um problema só da comunidade LGBTQIAPN+, talvez seja hora de repensar. Pelo menos, se você quiser viver em um país que atenda às necessidades primordiais de todos os seus cidadãos, com segurança, emprego, saúde, educação e altos índices de desenvolvimento humano.

Quem não gostaria de proporcionar para si e para a sua família a possibilidade de residir em um lugar como a Finlândia, a Dinamarca ou o Canadá? Ano após ano, esses são os países que seguem ocupando as posições mais altas no ranking do Relatório Mundial da Felicidade.[6] Não é uma coincidência que sejam tam-

6. HELLIWELL, J. F., *et al.* (org.). *World Happiness Report 2024.* New York: Sustainable Development Solutions Network, 2023. p. 36. Disponível em: https://worldhappiness.report/. Acesso em: 27 jul. 2024.

bém os mais seguros e os que oferecem maior proteção constitucional para a comunidade LGBTQIAPN+.[7]

Quando deixamos parte da população de lado, desprotegida e vulnerabilizada, estamos deixando de aproveitar talentos, de contar com formas diferentes de pensar e de agir, de utilizar a força de trabalho e a liderança de gente com potencial de contribuir para a evolução da sociedade. O respeito à diversidade caminha lado a lado com o desenvolvimento e a prosperidade. Enquanto o Brasil não entender isso, seguiremos vivendo no atraso.

TUDO PASSA PELA EDUCAÇÃO

Nunca vou desistir da luta para que o mundo se torne um lugar mais seguro e mais acolhedor para todos e, principalmente, para a comunidade LGBTQIAPN+. Embora eu seja uma pessoa otimista e reconheça os grandes avanços que fizemos até hoje, não sei se vamos conseguir acabar com o preconceito um dia, ainda mais no Brasil. Para mudar a percepção das pessoas em relação a tudo o que é diferente, é necessário distribuir conhecimento. E, infelizmente, somos um país onde as falhas na educação são uma tradição. Nem sempre quem está no poder ou em posições de privilégio tem interesse em mudar isso.

Só que essa ignorância imensa traz muitos problemas, não apenas para a comunidade LGBTQIAPN+, mas também para toda a sociedade. Somos condicionados a temer, a deixar tudo como

7. MENDOS, L.R. *State-Sponsored Homophobia Report 2019*. Geneva: Associação Internacional de Lésbicas, Gays, Bissexuais, Transexuais e Intersexuais (ILGA), 2019. Disponível em: https://ilga.org/news/ilga-launches-state-sponsored-homophobia-2019/. Acesso em: 27 jul. 2024.

está, a nos conformar, a não responder e a não discutir, ainda mais quando pertencemos a grupos minoritários e excluídos. Queria ter percebido isso mais cedo, confesso. Entretanto, eu não nasci em uma geração pronta.

Não tínhamos ninguém em quem nos inspirar, muito menos qualquer coisa que lembrasse o empoderamento que vemos hoje. Só o que podíamos fazer era resistir, aguentar mesmo. Quantas vezes, na época em que eu participava dos programas de televisão, ouvia piadas transfóbicas e homofóbicas e tinha que rir junto? Caso contrário, não havia oportunidade de aparecer. Era a nossa realidade. Com o tempo, depois de tudo o que eu sofri, fui aprendendo a ser resistente, a me impor, a falar. E com as pedras que atiraram em mim, construí o meu castelo.

O embrião do problema estava (e continua a estar), repito, na educação. É uma falta que vai passando de geração em geração. Analise qualquer problema da sociedade, e o fio da meada, certamente, vai enroscar ali. Enquanto não dermos ao povo ensino de verdade, com qualidade, vamos continuar sofrendo com violência, racismo, xenofobia, LGBTfobia e todas as outras mazelas que são frutos disso. Já passou da hora de quebrarmos esse ciclo.

E com as pedras que atiraram em mim, construí o meu castelo.

CAPÍTULO 3

NINGUÉM SOLTA A MÃO DE NINGUÉM

"Você é maravilhosa, eu te adoro", me disse uma mulher, dentro de um elevador lotado na Câmara dos Vereadores de São Paulo. E então completou: "Você até parece uma mulher de verdade". Uma fala preconceituosa, embrulhada em forma de elogio, quase foi a gota d'água naquele dia. Mesmo para mim, que carrego uma bagagem pesada, digamos assim, por já ter sofrido inúmeros abusos ao longo da minha trajetória. Ouvidas em um momento de enorme fragilidade, aquelas palavras me fizeram, pela primeira vez, pensar em desistir da vida.

A intenção pode até ter sido boa, mas aquilo foi como um tiro no meu peito. Lembro de chegar em casa e me olhar no espelho, sem roupa, e me sentir perdida. Coloquei em xeque a mulher que eu tinha lutado tanto para assumir que eu era. Talvez, se fossem outros tempos, eu não teria ligado tanto. Mas naquele momento, eu estava arrasada com uma traição afetiva, que culminou com o fim de um casamento de nove anos. Quando descobri, meu ex-marido já estava com outra pessoa – uma mulher cisgênero – havia quatro meses. Uma situação que, por si só, deixaria mal qualquer pessoa. Àquela altura, por ter notoriedade, a notícia se espalhou nas redes sociais. Os comentários que as pessoas faziam eram de um nível inimaginável de crueldade.

Se, por um lado, é importante que a internet tenha dado voz a todos e se transformado em um meio de propagar novas ideias e fortalecer lutas, por outro ela deixou o preconceito mais nítido ainda. Por trás de uma tela, todo mundo fala o que quer, sem pensar em como aquilo vai afetar o outro. Na época, 90% dos comentários nas publicações sobre o término do meu relacionamento na mídia eram de gente me detonando e dizendo coisas como: "Agora, sim, ele vai ser feliz, porque está com uma mulher de verdade". Foi nesse contexto que ouvi o "elogio" no elevador. Dá para imaginar como eu me senti?

Todos os dias, as consequências do preconceito assolam muita gente – e não só dentro da comunidade LGBTQIAPN+, claro. Esse foi só um exemplo, entre tantos outros que enfrentei, sigo enfrentando e, provavelmente, enfrentarei até o dia em que eu morrer. Ali no elevador, mesmo abatida, tive que fazer um exercício de autocontrole. Foi um episódio triste, que ficou marcado para mim. Falo do alto de um lugar de privilégio, de quem tem melhores condições e certo status. Há, entretanto, infinitas camadas capazes de tornar toda essa realidade ainda mais cruel. Se ainda hoje, quando coloco o pé na rua, sou chamada de "traveco", imagine ser trans e também uma pessoa com deficiência (PCD), preta, pobre e/ou periférica. Sem contar as microagressões, vindas de pessoas como aquela mulher, que também nos ferem, seja por maldade ou ignorância. Tudo isso é fruto da LGBTfobia estrutural, entranhada na sociedade.

UMA LONGA HISTÓRIA

Infelizmente, esse modo perverso de agir não começou agora e, a meu ver, não terá fim tão cedo. Para entender suas origens, vou me debruçar aqui sobre as ideias e as reflexões de estudiosos do assunto. Em *Preconceito: uma história*, os professores e historiadores Leandro Karnal e Luiz Estevam apontam que, por ser uma criação humana, que nasce e se desenvolve atendendo às nossas necessidades, o preconceito pode também ser extinto. Ele "pode ser vencido, sim, como um dia foi criado. Não é um dado da natureza, não se trata de uma lei como a gravidade", defendem no livro. "Analisar e dissecar a construção do preconceito pode colaborar para mostrar sua artificialidade. Um dos esforços dos preconceituosos de todas as épocas foi inserir o preconceito no campo da natureza (ou mesmo de uma ordem divina)."[8] E suas raízes remontam aos primórdios da humanidade.

Para exemplificar, Karnal cita uma passagem bíblica, do Evangelho, no primeiro capítulo de João, em que dois apóstolos, Filipe e Natanael, conversam entre si. Filipe diz ter encontrado o Messias, anunciado pelo profeta, e fala sobre sua origem. Natanael responde, de maneira irônica: "De Nazaré pode sair algo bom?". Ou seja, mesmo sem conhecer Jesus ou saber algo sobre ele, Natanael generaliza as pessoas que têm origem na cidade de Nazaré e as considera, por algum motivo, ruins. "Generalizar

8. KARNAL, L.; ESTEVAM, L. *Preconceito*: uma história. São Paulo: Companhia das Letras, 2023.

facilita as coisas para cabeças lineares, que gostam muito de regras universais, sempre aplicáveis", diz o escritor. "As exceções, os matizes e o aleatório atrapalham o pensamento plano."

Então, é isso. Nós, que não nos encaixamos nos padrões da heteronormatividade, estamos sempre "atrapalhando". Sendo assim, diminuir, menosprezar, colocar à margem da sociedade e, muitas vezes, até matar quem é diferente facilita a vida dos "iguais". Em vez de enxergar as diferenças como uma força que soma, os preconceituosos preferem nos aniquilar.

Outro professor de história, Yuval Noah Harari, autor do best-seller internacional *Sapiens: uma breve história da humanidade*, vai ainda mais para trás, há dezenas de milhares de anos, para pontuar que tolerância nunca foi uma característica muito notada em nossa espécie. "É bem possível que, quando os sapiens encontraram os neandertais (extintos há quarenta mil anos), o resultado tenha sido a primeira e mais significativa campanha de limpeza étnica na história",[9] afirma no livro. Mas o que teria acontecido se, em vez de eliminarmos as espécies diferentes e, ao mesmo tempo, semelhantes à nossa, tivéssemos convivido com elas? "Que tipos de cultura, sociedade e estrutura política teriam surgido em um mundo em que várias espécies humanas diferentes coexistissem?", questiona Harari.

E eu trago a pergunta para o momento atual: por que, em vez de sermos intolerantes e espalharmos preconceito e, consequentemente, vários tipos de violências, não podemos unir forças e valorizar o que cada um tem a oferecer? Infelizmente, nem todos querem refletir sobre o assunto, que dirá transformar o mundo. Como diz a filósofa, escritora e ativista do movimento negro

9. HARARI, Y. N. ***Sapiens***: uma breve história da humanidade. Porto Alegre: L&PM, 2015.

Djamila Ribeiro, é preciso ter em mente que, para pensar soluções para uma realidade, devemos tirá-la da invisibilidade.[10]

Por trás da homofobia, que é a opressão e a discriminação de expressões de gênero que divergem dos padrões da heteronormatividade, talvez esteja o medo de perder privilégios e da equivalência de direitos. Afinal, quem está no topo tende a fazer de tudo, consciente ou inconscientemente, para não precisar descer um degrau sequer. Pelo contrário: vai se esforçar para impedir outros de subirem e, assim, manter seu domínio e suas regalias.

Embora orientações sexuais diversas existam desde que o mundo é mundo, é chocante pensar, por exemplo, que até pouquíssimas décadas atrás, a "homossexualidade" era considerada um transtorno de saúde mental. Para se ter uma ideia, o termo "homossexualismo" só foi removido do manual de diagnósticos da Associação Americana de Psiquiatria (APA, na sigla em inglês), em 1973[11] – e isso só depois de muita luta e pressão dos movimentos LGBTQIAPN+. Foi nessa época também que, nos Estados Unidos, surgiu o termo "homofobia". Já a Organização Mundial da Saúde (OMS) só retirou a homossexualidade da lista internacional de doenças anos depois, em 1990.[12] Porém, como você já sabe, o preconceito contra a diversidade sexual não desapareceu; na realidade, foi intensificado nesse período, com o início da epidemia de HIV/aids.

10. RIBEIRO, D. ***Pequeno manual antirracista***. São Paulo: Companhia das Letras, 2019.

11. COSTA, A. B; NARDI, H. C. Homofobia e preconceito contra diversidade sexual: debate conceitual. ***Temas em Psicologia***. Ribeirão Preto, v. 23, n. 3, p. 715–726, set. 2015. Disponível em: http://pepsic.bvsalud.org/scielo.php?script=sci_arttext&pid=S1413-389X2015000300015&lng=pt&nrm=iso. Acesso em: 27 jul. 2024.

12. *Ibid.*

COM PASSOS DE FORMIGA

Foram transformações importantes, de fato, que aconteceram à base de muita luta e resistência. Mas, citando Lulu Santos, "assim caminha a humanidade, com passos de formiga e sem vontade". Outro exemplo: no Brasil, desde 2019, declarações homofóbicas podem ser enquadradas como crime. Entretanto, ainda é muito difícil que isso aconteça, na prática.

Um dos casos mais emblemáticos aconteceu em uma padaria na região central de São Paulo (SP), em fevereiro de 2024, quando duas mulheres atacaram um casal gay, com agressões, injúrias e ameaças. Além de o fato ter sido registrado em vídeo e testemunhado por várias pessoas, a Polícia Militar foi até o local para atender a ocorrência. Porém, nada aconteceu com as agressoras. Somente no final de abril, depois de muita batalha, o Ministério Público (MP) fez a denúncia.[13] Eu mesma acompanhei tudo de perto, a fim de cobrar as autoridades por justiça.

Era um cenário perfeito para prender as mulheres em flagrante, porque uma delas dizia absurdos para os meninos na frente dos policiais. Nesse ponto, faço até uma comparação com outra frente importante, a luta contra o racismo. Hoje em dia, se uma mulher branca chamar uma mulher preta de qualquer injúria racial, existe grande possibilidade de que ela seja presa (como deve ser, certamente). Mais uma vez, a homofobia estrutural se faz presente, de modo que o ataque à comunidade LGBTQIAPN+ parece não ser grave o suficiente para ser considerado crime.

13. LAFORÉ, B; FARIAS, J. Ministério Público denuncia mulheres que praticaram homofobia contra casal em padaria em SP. ***CNN***, 1 maio 2024. Disponível em: https://www.cnnbrasil.com.br/nacional/ministerio-publico-denuncia-mulher-que-praticou-homofobia-contra-casal-em-padaria-em-sp/. Acesso em: 27 jul. 2024.

O FUTURO JÁ COMEÇOU

O caminho é longo, e exaltar as nossas conquistas é não só fundamental, como também necessário para renovar as forças. Recentemente, recebi da Associação de Investigadores de Polícia de São Paulo um jubileu de prata pelo reconhecimento do trabalho de sensibilização que tenho feito com a Guarda Civil Metropolitana (GCM-SP) e com a Polícia Militar (PMESP). Parte desse trabalho consiste na minha palestra, que se chama "Desvendando o Arco-Íris", cuja intenção é mostrar para esses profissionais a relevância do combate à LGBTfobia. A partir da minha história pessoal, mostro nessa apresentação quais são os problemas e como superá-los.

É até emocionante pensar que estou nesse lugar hoje. Eu, que já sofri diversas vezes na pele as consequências do histórico problemático de violência policial com a comunidade LGBTQIAPN+. Quando trabalhava na noite, me apresentando como drag queen, ao sair de uma boate para outra, aprendi que era obrigatório tirar a peruca e guardar na bolsa para ninguém desconfiar de quem eu era. Para ser considerada artista, e não travesti, o acessório precisava estar escondido. Então, é um sinal de que, sim, estamos caminhando devagar, porém sempre em frente.

Já é um começo. Vale lembrar, entretanto, que sensibilizar a polícia não basta. É necessário que a comunidade também se imponha, com a coragem de registrar boletins de ocorrência. Sei que é um pedido delicado e difícil de atender. Afinal, dá medo de chegar em uma delegacia e sofrer ainda mais preconceito. No entanto, precisamos dessas denúncias para mudar o cenário: sem dados, fica quase impossível apresentar políticas públicas. Individualmente, um boletim pode não dar em nada, mas, em

**O caminho é longo,
e exaltar as nossas
conquistas é não só
fundamental, como
também necessário para
renovar as forças.**

número, ganha força. É uma das maneiras de enfrentar o sistema, de mostrar quantos somos – e o número assustador de violências que nos assolam todos os dias. É um dos modos de resistir.

Infelizmente, muitos de nós se acostumaram ao preconceito. É triste se habituar a algo que nos fere psicológica e fisicamente, nas formas mais profundas. Infelizmente, não acredito que estaremos vivos para ver o fim desse tipo de abuso. O que aprendi – e quero mostrar a partir do próximo capítulo – é a importância de elaborar estratégias para sobreviver e vencer, mesmo em um mundo que nos hostiliza. Fórmula mágica não existe. Mas eu conheço um caminho e quero encorajar você nessa jornada. Ninguém solta a mão de ninguém.

CAPÍTULO 4

Indispensável. *Adjetivo de dois gêneros.* **1.** Que não se pode dispensar; obrigatório, imprescindível, inevitável. **2.** Sem o que não se pode passar; muito importante para satisfazer a um fim, a uma necessidade; necessário, útil. **3.** Que não pode faltar por ser parte integrante da imagem que se tem de algo; costumeiro, habitual, infalível.[14]

14. Grande Dicionário Online Houaiss, UOL. Disponível em: https://houaiss.uol.com.br/corporativo/apps/uol_www/v6-2/html/index.php#1. Acesso em: 29 jul. 2024.

ESTRATÉGIA NÚMERO 1: **SEJA A MELHOR EM TUDO O QUE FAZ**

Embora nunca tivesse parado para buscar a definição dessa palavra no dicionário até então, uma imensa ficha caiu para mim quando eu tinha apenas nove anos. Ainda criança, entendi que, se quisesse sobreviver, diante daquele cenário violento, solitário e hostil que compunha a minha vida, era exatamente isto que eu precisava ser: indispensável. Eu tinha de ser simplesmente a melhor, eu tinha de ser incrível. Destacar-me em absolutamente tudo virou uma questão de vida ou morte a partir dali.

Eu não podia mostrar quem eu era sem ser alvo de agressões e chacotas; meu verdadeiro "eu" não era aceito ou acolhido nem dentro da minha própria casa. Nem mesmo por mim. O que me restava era buscar destaque por outros caminhos. Ali, decidi que tinha de ser o melhor aluno da sala para superar os problemas. Acho que foi por isso que me tornei uma pessoa criativa; ou seja, por pura necessidade. Na época, eu era um menino que precisava superar sozinho vários traumas e toda a discriminação que eu havia sofrido desde que me entendia por gente; um menino que continuava sofrendo e que imaginava tudo o que sofreria durante toda a vida.

Minha ideia era dar meu máximo para conseguir fazer coisas mirabolantes e inimagináveis para uma criança. Assim, eu surpreenderia as pessoas e passaria por cima do preconceito. Comecei a colocar isso em prática e vi que funcionava. Até hoje, é uma das minhas principais estratégias para superar a invisibilidade e o preconceito. Foi assim que passei a tocar minha vida. Foi assim que eu vivi e venci para contar a história. Foi assim que me tornei famosa e tive um cargo importante na administração pública de São Paulo, algo que ninguém, nem nos sonhos mais loucos, esperava para aquele garotinho pobre, afeminado e ridicularizado. Mas eu, sim, esperava. Não sabia exatamente como, só sabia que iria chegar longe.

Quando comecei a estudar teatro na escola, aos doze, eu tanto fiz que fui a protagonista de uma peça chamada *Fábrica de sonhos*, que apresentaríamos no Teatro Caetano de Campos, na Praça da República, na região central de São Paulo. Lembro que não tinha nenhum público e tivemos que ir para a rua pedir que as pessoas entrassem e assistissem à peça. Mas era tudo festa. Conseguimos encher o teatro. Aquilo foi inesquecível. Eu me lembro de pensar: "É isso que eu quero para mim. Fui maltratada a vida inteira e agora estou aqui, sendo aplaudida, no centro da cidade". Para quem vivia no Capão Redondo, estar no centro de São Paulo era como estar em Nova York. Eu acreditei que a arte era o caminho para me salvar, mas que teria que me destacar naquilo.

O mesmo aconteceu alguns anos depois, no início da minha carreira profissional como transformista, quando tive a ideia de fazer uma performance como uma boneca de vitrine viva, no palco do *Show de Calouros* (SBT). Mesmo sem ter experiência, dinheiro, ou vantagem alguma, eu me destaquei e fui classificada para as etapas seguintes do concurso. Mais uma vez, eu simplesmente fiz o meu melhor, encantando os jurados.

A arte, de fato, me salvou durante muitos anos. Conforme fui amadurecendo, entretanto, percebi que a mudança que eu queria só viria através das leis e do poder público – e não por meio da fama. Já na casa dos trinta anos, voltei a estudar. Mas não de qualquer jeito. De novo, eu precisava colocar tudo de mim naquele novo projeto. Entrei para a faculdade, fiz Jornalismo, Marketing e, na sequência, pós-graduação em Política. Concorri aos cargos de vereadora e de deputada federal. Embora não tenha sido eleita, por meio de minha luta política em prol da comunidade LGBTQIAPN+ cheguei à Coordenação de Diversidade da cidade de São Paulo, uma das maiores cidades da América Latina.

Até hoje, mesmo no lugar de prestígio que conquistei, não descanso: sempre me sinto na obrigação de surpreender as pessoas. Quando alguém se senta para conversar comigo, é comum que já venha com todo aquele preconceito estrutural, sobre o qual eu falei bastante no início deste livro. Mesmo com a fama e a minha trajetória profissional, acadêmica e política, é normal chegarem a mim com a ideia de que sou promíscua ou de que não tenho vocabulário, repertório cultural e letramento. No entanto, quando começo a falar, a mostrar quem sou e tudo o que estudei e me esforcei para me tornar, as pessoas ficam boquiabertas com a minha inteligência, com o que estou dizendo, com a maneira como falo e com tudo o que eu faço. Não há um discurso que eu faça que eu não seja aplaudida de pé. E um detalhe importante: isso não acontece, necessariamente, porque a oratória foi boa. Pode até ter sido, mas acontece porque ninguém espera isso vindo de uma mulher trans.

O PREÇO É ALTO

Ser a melhor não é uma tática que uso apenas profissionalmente. É o tempo todo e em todos os lugares. É em casa, com a minha família, com as pessoas com quem me relaciono, com os meus filhos, com os meus amigos, com quem trabalha comigo e nos demais ambientes e conexões. Assim, garanto minha posição de respeito aonde quer que eu vá.

Se eu dissesse que é fácil levar uma vida dessa forma, eu estaria enganando a todos. Afinal, é, sim, uma carga extra e bastante pesada ser praticamente obrigada a pensar 24 horas por dia, sete dias por semana, em como ser pelo menos duas vezes melhor do que todos ao seu redor, só para sobreviver com o mínimo de dignidade. Estudar dá trabalho, se esforçar dá trabalho, impressionar pelo talento, pela capacidade, pela habilidade, por colocar tudo de si em qualquer atividade que você se proponha a fazer também demanda um esforço danado. Por outro lado, seria egoísta não compartilhar essa estratégia.

Nós, que fazemos parte de grupos minoritários, desvalorizados e invisibilizados, como é o caso da comunidade LGBTQIAPN+, já somos invalidados desde sempre. É como se nascêssemos cancelados. É como se já chegássemos decepcionando nossa família, nossos pais, nossos irmãos, as pessoas do bairro, decepcionando até Deus (como creem alguns). Isso nos coloca em um lugar chamado pelos psicólogos de "crença limitante". Passamos a achar que não podemos ser nada e que não vale a pena sonhar ou se esforçar, porque há uma espécie de trava que nunca vai nos deixar alçar voos mais altos. A autoestima vai lá para baixo, ou talvez nem saia de lá.

CUIDE DE VOCÊ!

Quando eu digo às pessoas que elas precisam se tornar indispensáveis e serem as melhores possíveis, em qualquer ocasião, escuto que a vida já é difícil demais. Eu lembro a elas que pedir ajuda, hoje, é algo plausível. Lembre-se de que você não está a sós. Lá atrás, eu estava isolada, não existia nenhum programa do governo, não existia uma Léo Áquilla para me acolher ou brigar por políticas públicas que me protegessem ou me alavancassem. Não havia sequer boas referências, como já falei por aqui. Eu tinha de me virar sozinha, correr da polícia e fugir da escola para não apanhar. Agora, o cenário é diferente, ainda bem.

Costumo dizer que não me preocupo com quem pede ajuda, e sim com quem não pede. Porque são pessoas tão vulneráveis, tão presas a crenças limitantes, que acreditam que não são dignas de que alguém estenda a mão a elas. Mas isso não é verdade, e eu vou repetir quantas vezes for necessário.

Essa baixa autoestima vem atrelada a sérias amarras. O terapeuta e escritor William Sanches, especialista em Neurociências e Comportamento, escreve que, em muitos casos, achamos que não merecemos o melhor e, por isso, acreditamos que não vale a pena o esforço para nos destacar. Pior ainda, por conta disso, até nos maltratamos. Como?

"Você se maltrata principalmente quando não é você! Sabe aquela preocupação de fazer o que os outros acham certo sem você mesmo ter vontade?", diz ele.[15] "Você se maltrata quando permite viver num relacionamento tóxico, que te faz mal, te coloca pra baixo, te impede de crescer, de ser a luz que verdadeiramente é! Você se maltrata se fica o tempo todo achando não ser capaz o suficiente para não trazer a prosperidade para si. Que não permite a luz própria brilhar de verdade." É ou não é o que muitos de nós fazemos?

A dica de Sanches para quem quer sair desse círculo vicioso é começar do começo. Isso mesmo. Afinal, segundo ele, "toda caminhada começa com um passo". Valorize-se e lute com todas as suas armas pelo que você quer – e merece. E, no mesmo post, o terapeuta conclui: "No começo pode parecer estranho se elogiar, pode parecer ridículo você cuidar de si mesmo, mas com o passar dos dias você vai perceber que tudo de melhor começa a acontecer e que você não aceita nada que não seja o melhor para si!". Eu não poderia concordar mais.

No meu caso, gosto de andar sempre arrumada e de salto, o que faz eu me sentir empoderada para lutar contra tudo e contra todos, se precisar. Mas o empoderamento vai muito além da aparência, eu sei. É assumir as rédeas da própria vida. Também sei que ser a melhor é árduo, trabalhoso e até um pouco injusto. Porque, caso faça parte de qualquer grupo desfavorecido e minimizado, você vai ter que batalhar e se destacar mil vezes mais do que os outros. Mas eu garanto: vale cada gota do seu suor. Você pode, sim, chegar ao lugar que quiser, e eu estou aqui para provar. Embora a jornada seja sinuosa, tenho certeza de que você tem potencial para segui-la e alcançar os seus sonhos.

15. SANCHES, W. Você se maltrata principalmente quando não é você! (...). 8 out. 2018. Facebook: williamsanchesoficial. Disponível em: https://www.facebook.com/photo/?fbid=2208827555856979&set=a.566648470074904. Acesso em: 29 jul. 2024.

Valorize-se e lute com todas as suas armas pelo que você quer – e merece.

CAPÍTULO 5

ESTRATÉGIA NÚMERO 2:
JAMAIS ACEITE O NÃO

Sempre fui movida a desafios e muito trabalho. Sabe como dizem por aí: na "força do ódio"? Eu não gosto da palavra "ódio" – e na última estratégia você vai entender melhor os meus motivos. O que quero dizer é que a provocação me dá exatamente o combustível de que preciso para realizar tudo o que quero – por mais difícil e improvável que possa parecer.

Muito cedo na vida, ouvi diversas vezes, da boca de diferentes pessoas, que não conseguiria terminar os estudos, por exemplo. Não dá nem para julgar tanto, porque é exatamente isso que as estatísticas mostram. A evasão escolar é gigante na comunidade LGBTQIAPN+, como você já sabe. Além disso, a minha origem humilde poderia ter sido um empecilho para a minha educação formal. Pois eu fui lá e, contando graduações e pós-graduação, estudei não somente em uma, mas em três faculdades.

Também me diziam que eu jamais seria famosa. Imagine uma criança pobre do Capão Redondo, na zona Sul de São Paulo, chegar à TV, em uma época que não havia nem internet para alavancar a carreira de desconhecidos. No entanto, aqui estou eu. A lista é grande e continua... Falaram que eu não seria ninguém, que eu não teria dinheiro, que eu não teria um carro, que eu não teria uma casa. Em certa ocasião, em uma igreja, uma pastora, que acreditava ter o dom de enxergar o futuro, me disse, durante um culto, que eu não passaria dos trinta anos. Isso porque, segundo ela, eu morreria de HIV antes de atingir essa idade.

De certa forma, a fala preconceituosa daquela mulher até me ajudou indiretamente. Pois fiquei muito assustada. Embora jamais tenha sido uma pessoa promíscua, aquelas palavras me tornaram ainda mais seletiva em relação aos meus relacionamentos amorosos. Passei dos cinquenta anos, cheia de vida, saúde e, modéstia à parte, beleza, provando até nisso que a pessoa estava redondamente enganada.

NO CENTRO DA ELITE PAULISTANA

Um ponto emblemático para essa minha estratégia, de transformar qualquer "não" que recebo em uma mola propulsora para seguir adiante e ir além do que eu havia sonhado inicialmente, tem a ver com um sonho muito específico da minha adolescência. Eu sonhava em ir ao Theatro Municipal, na região central de São Paulo, para assistir a uma ópera. Naquele tempo, o que reinava na periferia, onde eu morava e de onde nunca saía, era o pagode. Cresci ouvindo esse ritmo – nada contra, aliás. Porém, quando uma ópera chegou aos meus ouvidos pela primeira vez, pelo rádio, lembro que fiquei maravilhada! Eu achei aquilo chiquérrimo, diferente. Era algo que me agradava muito. Simplesmente me apaixonei.

Comecei a gostar, sobretudo, das vozes femininas. Sarah Brightman, Emma Shapplin, Maria Callas e assim por diante. Eu dizia que um dia queria cantar músicas como aquelas. As pessoas me invalidavam mais uma vez, ressaltando que eu não tinha voz para isso. Todos olhavam para mim e riam. Elas diziam "Acorda, né? Você não é a Alice no País das Maravilhas". Eu guardei aquelas palavras. Só que em vez de transformá-las em mágoa e rancor, eu as utilizei como uma força motriz. Um dia, eu haveria de provar que todas aquelas pessoas, assim como a pastora que previu minha morte precoce, erraram.

"The readiness is all" ou "Estar preparado é tudo", disse o poeta e dramaturgo inglês William Shakespeare, de quem sou muito fã, em *Hamlet*, uma de suas peças mais famosas. Acredito nisso, e foi exatamente o que fiz. Depois de ouvir todas aquelas negativas, eu sabia que, mais do que nunca, aquele sonho não escaparia das minhas mãos. Então, ao longo de dez anos, estudei ópera, com todo o afinco e dedicação, mesmo sem ter certeza de qual seria o resultado. "Seja o melhor", lembra?

Embora seja um lugar público, o Theatro Municipal sempre foi muito elitizado. Pessoas como nós, da periferia, não conseguiam passar nem pela porta daquele espaço onde só os refinados circulavam. Mas me lembro que, muito antes de ser famosa, eu tinha certeza de que um dia subiria naquele palco e cantaria uma ópera. Eu continuava carregando esse desejo comigo. Eu não sabia como, nem quando, mas ele iria acontecer. Portanto, eu tinha de me preparar.

Ainda bem! Um dia, conheci um homem chamado Abraão Mafra, ninguém menos do que um diretor do Theatro Municipal. Contei sobre esse meu sonho e ele me ajudou. Fizemos acontecer.

Eu gravei um videoclipe, cantando uma música chamada "Tenerezza e amore", com Ronnie Kneblewski. No filme, eu começo diante de uma tela em branco, que representa o meu sonho. Então, canto no palco do Theatro. Finalizo assinando o quadro, com a minha imagem, naquele espetáculo. Além do quadro, que é uma das pinturas que realizei ao longo da pandemia, fiz o roteiro e a direção. Enfim, fiz praticamente tudo. Sou a única mulher trans a ter cantado uma ópera no Theatro Municipal de São Paulo até o momento. Quem disse que eu deveria parar de sonhar? Quem disse mesmo que eu não seria capaz? Quem disse que aquilo era impossível?

RECALCULANDO A ROTA

Esse é um caso específico, que gosto de mencionar para mostrar como é importante perseverar e ir atrás dos seus sonhos, mesmo depois de ouvir um "não". Muitos outros acontecimentos importantes da minha vida foram assim, como ressaltei no começo deste capítulo. E, por causa disso, cheguei a programas de televisão, à universidade, a um cargo político. De ser completamente invisível, cheguei à representação de um símbolo na luta pela visibilidade trans. Não aceitar o "não" é uma estratégia infalível, que sigo até hoje. Depois que aprendi isso, consigo tudo o que eu quero. E, acredite, você pode conseguir também!

Mas... (e sempre há um "mas") eu preciso lembrar que, de vez em quando, o "não" é importante para nos afastar de algo que não era para ser – ou para nos impulsionar a recalcular a rota, quando necessário. Essas mudanças de planos podem nos direcionar a lugares ainda melhores do que sonhamos inicialmente.

**Quem disse que eu
deveria parar de sonhar?
Quem disse mesmo que
eu não seria capaz?
Quem disse que aquilo
era impossível?**

Ou seja, isso não quer dizer que estamos simplesmente aceitando uma resposta negativa.

O fato é que, às vezes, ouvimos um "não" temporário que nos leva a procurar outro caminho para alcançar um objetivo, talvez um percurso melhor. Para isso, é preciso ter calma e maturidade. Eu tinha uma meta, que era ser artista. Eu dormia e acordava 100% focada nisso. Até que realizei esse desejo e o "esfreguei" na cara da sociedade. Então, tive outro sonho, o de ser política. Foquei 1.000% – o resto você já sabe.

Tudo isso que estou compartilhando aqui também tem comprovação científica. Existe uma teoria de personalidade, identificada por uma professora norte-americana de Psicologia chamada Angela Duckworth, conhecida como "grit" ou "teoria da garra".[16] A pesquisadora baseou seu estudo na observação de mais de mil jovens cadetes de uma academia militar, nos Estados Unidos, que passavam por provas físicas e mentais muito duras. Depois dos testes, que eram dificílimos, somente os melhores eram recrutados, e centenas de candidatos ficavam para trás. Angela queria saber o que determinava o sucesso de alguns e o fracasso de outros nas provas. Para tanto, elaborou alguns testes específicos, com o objetivo de medir as habilidades de liderança de cada candidato, além da vontade de conquistar e de obter sucesso, ainda que em longo prazo.

O resultado do estudo da psicóloga foi que, ao contrário do que muitos acreditavam, nem a inteligência, nem o contexto familiar ou a situação econômica eram garantia de sucesso – e sim o que ela chamou de "garra". Embora todos os fatores mencionados tenham influenciado nos resultados, o que determinava se

16. DUCKWORTH, A.; GROSS, J. J. Self-control and grit: related but separable determinants of success. *Current Directions in Psychological Science*, v. 23, n. 5, p. 319–325, out. 2014.

um candidato passaria ou não naquelas duras provas eram o caráter, a persistência, o talento e o esforço. A especialista concluiu, então, que persistir é conseguir. "Além do talento e da oportunidade, o que torna algumas pessoas mais bem-sucedidas do que outras?", questionou. "Um importante determinante do sucesso é o autocontrole – a capacidade de regular a atenção, a emoção e o comportamento diante da tentação. Um segundo determinante importante do sucesso é a garra – a busca tenaz de um objetivo dominante e superior, apesar dos contratempos".[17]

A teoria do "grit" ou da "garra" defende, portanto, que não nascemos talentosos, mas que o talento é desenvolvido pela persistência e pelo esforço. Acreditar em um objetivo nos faz lutar por ele até alcançá-lo. Então, em vez de aceitar o "não" passivamente, não desista. Lute! É o que tenho feito, com muito sucesso, ao longo de toda a minha vida pessoal e profissional.

Em tempo, preciso fazer um alerta importante: é fundamental trabalhar no autoconhecimento (ou seja, a investigação de si mesma) para que esses objetivos façam sentido. Ou seja, você precisa conhecer profundamente o seu objetivo, que precisa ser estabelecido de acordo com o que é possível, e traçar metas plausíveis para atingi-lo.

Disseram-me, um dia, que eu não era a Alice, aquela menina que vivia aventuras incríveis no País das Maravilhas. Então, eu me lembrei de um trecho impactante do livro clássico de Lewis Carroll. Em certo momento da história, o Gato de Cheshire diz à Alice que, para quem não sabe para onde vai, qualquer caminho

17. Op. cit. Tradução livre. Original: "Other than talent and opportunity, what makes some people more successful than others? One important determinant of success is self-control – the capacity to regulate attention, emotion, and behavior in the presence of temptation. A second important determinant of success is grit – the tenacious pursuit of a dominant superordinate goal despite setbacks."

serve. Em outras palavras, você tem de saber para onde quer ir e elaborar um plano para chegar lá. E, então, se agarrar a esse plano com unhas e dentes. Não adiantaria eu dizer que quero me casar com o Richard Gere ou que gostaria de ser presidente dos Estados Unidos. É preciso focar o que está dentro das possibilidades. Sonhar alto, mas com coerência.

Eu acredito e repito (tanto para quem quiser ouvir quanto para mim mesma) que ainda vou ser presidente do Brasil. Você teria coragem de rir ou de duvidar?

Para assistir ao videoclipe de "Tenerezza e amore", aponte a câmera do seu celular para o QR Code abaixo:

CAPÍTULO 6

ESTRATÉGIA NÚMERO 3: **FAÇA ACONTECER**

"Querer é poder." Você, com certeza, já ouviu essa frase milhares de vezes, em comerciais de TV, livros de autoajuda, conselhos de amigos ou discursos de coaches, que tanto se popularizaram nas redes sociais. Pode parecer um grande clichê. E é mesmo. Mas também é muito real, e eu posso provar. A minha história só aconteceu porque eu sempre soube que tinha de ir atrás do que eu queria para fazer aquilo se tornar minha realidade.

Na minha casa, assistir ao *Programa Silvio Santos* aos domingos era lei. Dependendo da sua idade, você deve se lembrar do *Show de Calouros*, no qual havia uma competição entre transformistas. Se você é mais jovem ou simplesmente precisa de um refresco para a memória, eu ajudo. Uma das atrações do programa era esse quadro, em que transformistas, ou seja, homens que "se montavam" como mulheres, geralmente com características marcadas e exageradas, faziam apresentações artísticas, almejando o voto dos jurados, em um concurso.

Toda vez que eu via aquilo, meus olhos brilhavam. Como você já sabe, minha vocação para as artes aflorou cedo. Um dia, lembro de comentar com a minha mãe que eu queria participar do quadro dos transformistas, porque eu achava que me sairia muito bem. Naquela época, não havia letramento algum. Então, ela virou para mim e respondeu: "Mas isso é coisa de viado!". Não dá para culpá-la, porque era assim que se falava antigamente, sem nenhum constrangimento. Ninguém era cancelado. Eu sabia, entretanto, o que queria e argumentei. Expliquei que, na verdade, eu criaria um personagem e participaria do concurso como ator.

Tendo ou não convencido minha mãe, anos depois, eu fui lá e fiz acontecer. Realizei um sonho: consegui participar do *Programa Silvio Santos*. Eu ainda estava longe de me entender e me assumir como trans. Então, me tratava no masculino: eu era "o Léo", um ator transformista. Lembra que uma das minhas estratégias era – e ainda é! – ser sempre o melhor? Não só subi no palco, como encantei os jurados, o público e dei um passo importante para me tornar o maior transformista do país. Tive cinco vitórias consecutivas no concurso e ganhei um troféu, que guardo até hoje.

"ERA TUDO MATO"

Assim, minha carreira artística começou a decolar cada vez mais. Alguns anos mais tarde, participei de outro concurso, bem parecido, dessa vez no *Programa Raul Gil*, que na época era transmitido pela TV Bandeirantes. Também venci várias vezes e cheguei a ganhar um carro. Foi Raul Gil, aliás, quem me incentivou a dar outro passo na minha carreira e ser pioneira, mais uma vez. Se hoje ouvimos várias vozes de pessoas trans ou drag queens na música, como Pabllo Vittar, Gloria Groove, Liniker, Linn da Quebrada, Majur, entre tantas outras, quando eu comecei isso não existia. "Era tudo mato", como se diz por aí.

O auge para nós, transformistas, era dublar. Aquilo era uma ferveção! Nós nos montávamos lindamente, com peruca, salto, brilho, maquiagem e performávamos, fingindo que cantávamos, na televisão, nas festas, na noite.

Depois de ganhar o concurso *Gala Show*, do Raul Gil, passei para o outro lado do balcão e fui ser jurada, para dar nota para as performances de outras pessoas. Quem diria? Um dia, eu estava em casa, dizendo que queria me apresentar como transformista; no outro, eu estava escolhendo e avaliando outros aspirantes a artistas. Eu já estava nesse papel de jurada quando o Raul me perguntou: "Por que, em vez de dublar, você não canta?". E eu falei: "Imagina, dublar é o máximo!". Nunca nem tinha cogitado cantar, porque ninguém fazia isso até então. Ele chamou minha atenção para o fato de que dublar não tinha valor comercial como cantar. "Quando você canta, vende a sua voz", disse o apresentador. Então, decidi acatar a sugestão e começar a cantar.

Só que não foi nada fácil. Encontrei resistência, inclusive na própria comunidade LGBTQIAPN+. As pessoas não aceitavam – a ponto de o meu empresário receber ligações, nas quais os interessados em me contratar diziam que queriam meu show, mas só se eu não cantasse. Precisei recusar contratos, brigar, ser novamente invalidada. Ainda assim, fui a primeira drag queen a gravar um CD, com "Tô Lôca", que foi um sucesso em boates no ano 2000. Desbravei esse caminho.

DO GUETO AOS MELHORES PALCOS DO BRASIL

Do mesmo jeito que as pessoas não aceitavam que as drag queens ultrapassassem as barreiras da dublagem para cantar de verdade, ninguém via como possível a nossa ascensão para o estrelato. Mesmo com shows de altíssimo nível, só cantávamos em boates gays e estávamos fadadas ao gueto. Mas eu não me conformava com isso. Eu sabia que éramos artistas de verdade e tínhamos de estar em outros palcos. Então, dei um dos passos mais arriscados da minha vida, mas eu tinha que fazer acontecer!

O ano era 1999, e eu tive uma ideia ousadíssima. Era tudo ou nada. Ninguém contratava drag queens para se apresentar nas grandes casas de shows da cidade, e eu que não ia continuar esperando, de braços cruzados. Vendi o único apartamento que eu tinha, na época, e usei todo o valor para montar um espetáculo, que chamei de *O feitiço de Áquilla*, fazendo alusão ao filme com o mesmo título. Era uma superprodução, com 25 bailarinos, música e figurinos sofisticados. Eu tinha duas alternativas: ou ficava com aquele apartamento, mas pobre, sem sair do lugar, ou vendia o imóvel e arriscava tudo para conseguir destaque na mídia. Dei o tiro no escuro e aluguei o Palace, que, naquele período, era uma das mais importantes casas de shows do bairro de Moema, zona sul de São Paulo. Ali, apresentavam-se artistas do calibre de Roberto Carlos, Caetano Veloso e até James Brown, entre outros, de fama nacional e internacional.

O contrato estava fechado, eu tinha apostado minhas fichas, gastei todo o meu dinheiro, mas ainda enfrentei problemas. Assim que a direção da casa descobriu que se tratava do show de um transformista, eles quiseram cancelar tudo e devolver o dinheiro. Não aceitei! O que eu queria era mídia. Então, eu respondi a eles: "Se vocês cancelarem o show, vou à imprensa e conto o que aconteceu. Vai ser um escândalo, vocês serão acusados de preconceito e vou conseguir o que eu quero, que é chamar a atenção, de graça". Então, a direção mudou de ideia e manteve o show, desde que ficasse claro no ingresso que a programação não era do Palace, e sim uma atração particular.

Foi uma noite histórica. Em uma apresentação única, no dia 17 de maio de 1999, a casa lotou, com três mil pessoas. Veio gente do Brasil inteiro, e toda a imprensa estava lá. Eu me lembro que voltei para casa e não preguei o olho. Fiquei acordada até as cinco horas da manhã, horário em que as bancas de jornal abriam. Então, corri e comprei os jornais e vi que eu estava em todos eles! Minha vida mudou, a partir da minha ação. Deu certo pela minha insistência. Consegui transformar, em profissão, fama e sucesso, o que muita gente ainda via como perversão.

GABINETES À VISTA

A essa altura, eu era famosa, mas estava longe de conseguir o que queria mesmo, ainda criança: mudar a vida de pessoas como eu, lutar por mim e por elas, me fazer ser ouvida de fato. Foi aí que começou a cair a minha ficha de que eu precisava enveredar para outros caminhos. Se eu quisesse que as pessoas me respeitassem, eu teria de mexer com leis. Então, iniciei minha jornada política.

Em 2002, apoiei um candidato a vereador. Só que, enquanto eu fazia a campanha para ele, muita gente me perguntava se era eu a candidata. As pessoas me diziam que queriam votar em mim e questionavam por que eu não tentava me eleger. Foi o que eu fiz, em 2004, quando me candidatei pela primeira vez ao cargo de deputado estadual. Embora não tenha entrado, tive quase 22 mil votos, uma marca incrível para quem estreava sem preparo nenhum, só com a cara e a coragem. Não parei mais. Tentei 2006, 2008, 2010, 2012, 2014... Não ganhei. Percebi que havia um problema. Porém, os obstáculos nunca me impediram de lutar. Decidi que iria fazer o que fosse necessário para superá-los.

O rótulo de artista estava atrapalhando o meu objetivo, que era fazer com que as pessoas passassem a me enxergar como política. Em 2020, resolvi que queria, realmente, fazer o que estivesse ao meu alcance para tornar o mundo um lugar melhor, nem que, para isso, eu tivesse de fazer um dos maiores sacrifícios e deixar de lado aquilo que era uma parte intrínseca minha: a arte.

Parei de cantar, saí da televisão, interrompi os shows. Eu já estava estudando. Quando era repórter na RedeTV!, sofria preconceito porque não era formada em Jornalismo. Como você já sabe, sou movida a desafios. Fui conquistar meu diploma, para esfregar na cara das pessoas que me diziam que eu não seria capaz. Eu me formei em 2008 e depois fiz a pós-graduação em Política, que concluí em 2012.

FREAK SHOW

Na televisão, existe algo conhecido como "audiência da aberração". Pessoas estranhas, esquisitas, diferentes, que era a forma como eu era vista na época, chamam a atenção. Isso sempre foi um chamariz para o público em geral. O mesmo acontece na política. Candidatos "bizarros" trazem votos. As pessoas acreditam que estão protestando e votam nos palhaços. Vide o Tiririca, não é? Francisco Everardo Oliveira Silva, o palhaço autor de "Florentina de Jesus", que fazia muito sucesso na televisão, foi eleito deputado federal, com mais de um milhão de votos, em 2010.

Em uma das eleições que disputei, saí em uma lista de candidatos "bizarros" que não foram eleitos, em uma reportagem de um veículo de imprensa. Isso aconteceu em 2014, quando conquistei trinta mil votos, mais do que muita gente que se considerava "padrão". Eu estava naquele ranking dos esquisitos por ser trans. Era assim que éramos vistos até pouco tempo atrás. Porém, o que me importava era conquistar meu objetivo.

Não fui eleita, mas ganhei um cargo político pela primeira vez em 2020, como coordenadora de gabinete do vereador Thammy Miranda, em São Paulo (SP). Apesar de a política ser o que eu queria, me senti um tanto temerosa, por tudo o que eu queria construir. Era um grande desafio, mas eu fui lá e fiz. Com tudo o que comecei a realizar, sobretudo na área da empregabilidade de pessoas da comunidade LGBTQIAPN+, fui direcionada à Coordenação de Políticas para LGBTI da prefeitura de São Paulo (onde fiquei por mais de um ano e saí apenas para me candidatar novamente). Tenho muito orgulho de dizer que, com toda essa trajetória, arregaçando as mangas e lutando pelo que eu sempre quis e pelo que acho justo, desde então consegui empregar mais gente do que toda a história da Coordenação em vinte anos.

Estou contando tudo isso porque essa é uma das minhas estratégias mais valiosas e, hoje, eu cheguei até aqui fazendo tudo acontecer, sem esperar nada de ninguém. Quando as pessoas me param e dizem que me adoram e que meu trabalho as representa, vejo que foi para isso que trabalhei tanto e suportei tudo. Foi calculadíssimo. Inclusive o fato de renunciar à arte, algo tão caro para mim, uma pessoa que é artista por natureza. Mas tenho consciência de que é tudo por um objetivo maior.

Antes de chegar no patamar que eu quero, eu o visualizo e já me sinto naquele papel, porque sei que, de uma forma ou de outra, vou chegar lá. Embora as pessoas façam piadas e não acreditem, eu me coloco na posição que almejo. Essa é uma estratégia, aliás, utilizada por inúmeros mentores no mundo corporativo,[18] especialmente para mulheres. O objetivo, em um mundo ainda dominado pelo patriarcado, é encorajá-las a lutar e assumir riscos, sem medo. Há até uma frase em inglês usada como lema aqui: "Fake it till you make it", que significa algo como "finja até você se tornar o que quer". Em outras palavras, você tem que se enxergar como a pessoa que quer ser. Trata-se de um passo fundamental para mentalizar e conquistar a sua vitória. Enquanto isso, claro, não descanse até chegar lá. É no que eu acredito. Pois foi o que funcionou comigo e é o que, tenho certeza, vai funcionar com você também.

18. SANDBERG, S. *Faça acontecer*: mulheres, trabalho e a vontade de liderar. São Paulo: Companhia das Letras, 2013.

Antes de chegar no patamar que eu quero, eu o visualizo e já me sinto naquele papel, porque sei que, de uma forma ou de outra, vou chegar lá.

CAPÍTULO 7

ESTRATÉGIA NÚMERO 4:
USE O TEMPO A SEU FAVOR

Todo mundo que passa pelo feed nas minhas redes sociais fica chocado. As pessoas me perguntam se meu dia tem mais de 24 horas ou então se sou mais de uma só. Afinal, como alguém pode cumprir tantos compromissos, estar em tantos lugares e abraçar tantas causas, como eu faço, o tempo todo, de domingo a domingo? Se você acha que tem algum truque ali, peço desculpas por te decepcionar. Esta sou eu mesma, uma única mulher, trabalhando dia e noite, praticamente sem descanso, para honrar tudo o que eu me proponho a executar, sem deixar de ser a melhor em tudo o que eu faço (ou ao menos de tentar).

Fácil? Não é. Mas aproveitar o tempo ao máximo, usando cada minuto do meu dia de forma inteligente, sempre foi e continua sendo uma das principais estratégias de vida. Primeiro, para sobreviver e, hoje, para conseguir alcançar meus objetivos. Aqui, eu quero mostrar como multiplicar o tempo, embora seja trabalhoso e, muitas vezes, exaustivo, é uma das melhores rotas para chegar a lugares que todos duvidavam que seríamos capazes de ocupar.

A minha agenda é mesmo uma loucura. Um dia, estou dando uma palestra para policiais militares no centro da cidade; no outro, estou participando de um evento para promover a tolerância religiosa em outro bairro... no seguinte, estou no gabinete, trabalhando em meus projetos; mais tarde, apareço me preparando para uma sessão de fotos; à noite, participo de um programa de televisão ou de um podcast... E por aí vai. Tudo em cima do meu salto, claro, do qual não abro mão.

Mas atenção: se organizar para cumprir uma série de metas, ainda que isso exija um esforço hercúleo, é diferente de sair aceitando tudo o que te pedem, se desdobrando para fazer coisas que nem sempre serão úteis ou farão bem ao seu coração, que muito menos servirão para conseguir o que você espera da vida. Aqui, quero incentivar você a usar o seu tempo com intensidade, sim, mas com sabedoria.

DOIS, TRÊS... MIL PASSOS À FRENTE

Usar o tempo a meu favor é estar sempre de olho no futuro. Quando monto minha rotina de compromissos, me programo pensando lá na frente. Afinal, não quero nem posso me dar ao luxo de pensar somente no presente. Minha motivação para isso vem daquele estigma de que o destino de parte das pessoas da comunidade LGBTQIAPN+, sobretudo travestis ou trans, era acabar se prostituindo nas ruas ou onde quer que seja.

Eu nunca aceitei, não queria isso para mim e sempre acreditei que poderia e que seria muito mais, embora o mundo ao meu redor insistisse em me dizer o contrário. Custou e ainda custa cada gota do meu suor, entretanto eu tinha convicção de que conquistaria uma posição digna e de respeito. Eu mostraria isso a todos que um dia ousaram me desafiar. Eu lutaria incansavelmente e com todas as minhas forças contra esses estereótipos que tentaram me impor.

Boa parte desse meu gás em me organizar e fazer tudo o que for necessário, portanto, vem do ímpeto de combater esse sistema e provar que, sim, eu sou capaz. Apesar de todos os preconceitos, nunca fiz nenhum programa vendendo o meu corpo, nem mesmo quando passei fome, justamente porque era aquela a única saída que todo mundo dizia que havia para mim. Eu fiz questão de esfregar na cara da sociedade que eu não seria uma prostituta. Para tanto, a solução foi me aperfeiçoar em diversas áreas e desenvolver e trabalhar várias habilidades.

Quando você coloca a conquista de aptidões como prioridade, você se vira e arruma tempo para isso, nem que tenha de se desdobrar. Mesmo que isso signifique que você vai continuar trabalhando enquanto todos estiverem descansando. Quer ter sucesso? O caminho é fazer diferente e, talvez, pegar o trajeto mais longo. Esqueça os atalhos! Entender isso muito cedo foi o que me trouxe até aqui – e pode fazer você chegar longe também.

No meu primeiro emprego, em um escritório, ainda adolescente, eu já me destaquei e fui promovida em um mês. Isso porque, além do meu trabalho, eu executava o de mais duas ou três pessoas por vontade própria. Entrei como office boy e, dois

Quer ter sucesso?

O caminho é fazer diferente e, talvez, pegar o trajeto mais longo.

meses depois, fui promovida novamente. Avancei de cargo pela terceira vez em seis meses.

Desde aquela época, apesar das dificuldades que enfrentava, sempre me identifiquei como uma pessoa visionária. Estou sempre, no mínimo, um passo à frente do hoje. Na hora, muita gente não compreende e até critica o que estou fazendo, mas o tempo passa e mostra que eu estava com a razão. Quando decido os objetivos que quero conquistar, geralmente ligados a buscar voz, respeito e, claro, afrontar aqueles que me dizem que não vou conseguir ou que riem de mim ao ouvirem sobre minhas intenções, eu não traço apenas um plano A. Eu faço um plano A, um B, um C e quantos mais forem necessários. E coloco todos em prática; em muitos casos, simultaneamente. Enquanto todos dormem, eu trabalho, estudo e faço o que mais precisar ser feito. Esse esforço acontece em diversas frentes ao mesmo tempo, porque se uma coisa não der certo, sei que a outra vai dar.

Enxergar além é o que me faz obter sucesso nas minhas empreitadas, que não trazem benefícios só a mim, mas para toda a comunidade que defendo e pela qual trabalho. Um exemplo disso é a Casa Arco-Íris, um sonho meu que viralizou nas redes sociais e chamou muita atenção de pessoas de diferentes nichos e crenças. Sabe por quê? O segredo está nos detalhes, está na apresentação. Existem outras iniciativas que, como esse projeto, oferecem moradia e espaços dedicados à comunidade LGBTQIAPN+. Mas não há nada no mundo como esse prédio criativo. Serão 24 andares de um edifício, totalmente desenhado para esse público, com a fachada

O segredo está nos detalhes, está na apresentação.

colorida. A ideia bombou porque é algo criativo, impactante, que enche os olhos.

Muitos vão dizer que é grandioso demais para tirar do papel, que não vou conseguir, que não teremos tempo hábil. Quando você ouvir isso também, e com certeza vai ouvir, sobre alguma de suas ideias, deixe estar. É preciso se preparar para todas as oportunidades que surgirem, ainda que pareça improvável a princípio. Foi isso o que me segurou, por exemplo, na pandemia. Eu sempre gostei de arte e aproveitei o período mais ocioso para estudar pintura. Além de gostar, acredito que tudo o que aprendemos pode nos servir em algum momento, quando surgir uma chance ou até uma necessidade. Então, a pandemia, que foi sinônimo de dificuldade financeira para muita gente, foi um período em que ganhei muito dinheiro, porque eu tinha essa carta na manga. Cheguei a vender 160 quadros para a Europa! Eu me entreguei àquilo e foi o que me proporcionou passar por aquele momento com segurança econômica.

O mesmo aconteceu com o canto, no episódio em que consegui realizar o sonho de ser a primeira mulher trans a se apresentar no Theatro Municipal de São Paulo, como você leu nos capítulos anteriores. Eu tive aulas bem antes de saber quando aquele meu sonho se realizaria. Quando a chance veio, eu estava pronta para agarrá-la com todas as minhas forças.

Quando a chance veio, eu estava pronta para agarrá-la com todas as minhas forças.

Os meus estudos sempre foram parte desse planejamento. Enquanto eu estava na televisão, fui estudar Jornalismo e, enquanto eu ainda era artista, me preparava para a área da política, com outras graduações e especializações. Minha estratégia é usar o tempo para me preparar de modo a sempre ter outra saída, caso a primeira não funcione imediatamente, e assim por diante. A determinação de estar sempre batalhando por algo é o que me mantém segura, mesmo em tempos difíceis.

UMA CABEÇA, DEZ BRAÇOS

Preciso admitir que, até hoje, sou uma pessoa centralizadora. Quero controlar, organizar, executar e garantir que cada detalhe, de todos os meus projetos, sejam eles artísticos, políticos ou pessoais, saiam exatamente da maneira como planejei. Isso exige muito do meu tempo. Porém, requer também que eu esteja sempre cercada de pessoas que possam ser quase como extensões de mim.

Quando eu fazia os meus shows, por exemplo, eu era como um "exército de um homem só": era eu quem coreografava, desenhava os figurinos, pensava nos efeitos especiais, no cenário... Sou multitalentosa. Na arte de fazer política, não é diferente. Tenho que conversar com vinte pessoas em paralelo. Para negociar um único projeto, é preciso dialogar com autoridades de diversas pastas simultaneamente. Eu monto e organizo a estratégia, mas conto com uma equipe para me ajudar na execução.

Ter um bom time é como ter uma só cabeça... e dez braços. Delego as partes do trabalho que são humanamente impossíveis de conciliar com o todo, mas fico sempre estritamente em cima. Recentemente, em certa ocasião, a prefeitura disponibilizou 750 casas para mulheres que foram vítimas de violência. Pedi a lista das contempladas e fiz minha equipe ligar para todas. Enquanto outras pessoas focavam esse trabalho de formiguinha, eu me articulava para a ação. Assim, descobri que, entre aquelas mulheres, não havia nenhuma trans. Não tive dúvidas: me reuni com os responsáveis pela área da Habitação do município e expliquei, em detalhes, o que era heteronormatividade.

Eu disse que, por conta desse sistema, quando eles falavam em mulheres vítimas de violência, só lembravam das mulheres cisgênero – e que essa era somente uma parte da realidade. Eles entenderam e incluíram as mulheres trans, como uma forma de reparar o erro. Compartilhei essa história como um exemplo de como precisamos ser incansáveis para lutar pelos nossos direitos e para mostrar como ter uma equipe me ajuda a conquistar esses objetivos, oferecendo mais braços para colocar velocidade e intensidade sempre que for necessário.

Sou incansável mesmo, e isso me impulsiona muito. Costumo dizer que não paro para me divertir. A minha diversão é o meu trabalho. Eu diria até que isso é uma característica tão intrínseca minha que, quando paro, fico deprimida. Por mergulhar de cabeça em tudo o que faço, cheguei até aqui e pretendo alçar voos ainda mais altos, enquanto eu estiver nesta vida. Trabalho de domingo a domingo, e isso para mim não é tortura; é prazer. Que tal mudar sua forma de enxergar seus esforços e ocupar seu tempo batalhando pelos seus sonhos?

Que tal mudar sua forma de enxergar seus esforços e ocupar seu tempo batalhando pelos seus sonhos?

CAPÍTULO 8

ESTRATÉGIA NÚMERO 5:

ESCOLHA SUAS BATALHAS

Se você leu este livro e acompanhou os métodos que venho seguindo, com todo o êxito, até aqui, pode estranhar um pouco o início deste capítulo. Isso porque ele começa não com uma história de sucesso, como tantas que já contei, mas, de certa forma (e você vai entender em breve por que digo "de certa forma"), com um fracasso. Eu, que até as páginas anteriores repeti diversas vezes conselhos centrados em não desistir, em buscar a excelência em tudo o que se faz, em trabalhar incansavelmente e em não aceitar as negativas que a vida nos impõe... confesso que, por vezes, também precisei – e ainda preciso – admitir certas derrotas. Em inúmeras ocasiões, precisei deixar alguns dos meus sonhos para trás.

Essa, eu admito, é uma das minhas próprias estratégias que tenho mais dificuldade para seguir. Porém, tenho plena consciência de que é fundamental, dentro de todo o contexto, para conquistar meus maiores objetivos. Na verdade, não se trata de desistir ou de perder, e sim de recuar para poder avançar.

Desde criança, eu nutria um grande sonho: o de ter um programa de televisão para chamar de meu. Cheguei bem perto de realizá-lo, a ponto de ter um cenário pronto e até um piloto gravado (para quem não sabe, um programa piloto é um episódio completo, gravado como um teste). Ele se chamaria *Unissex* e seria exibido pela RedeTV! Porém, para a minha decepção, o produto nunca foi ao ar, e o maior dos motivos era a dificuldade de vender anúncios. Quando os patrocinadores ficavam sabendo que eu seria a apresentadora, simplesmente desistiam. Eu, realmente, perdi para o preconceito e tive que aceitar isso.

O truque, porém, é saber perder. Você não sobrevive ao se frustrar e desistir de tudo a cada obstáculo. O que quero mostrar é a importância de agir com estratégia até mesmo quando nos vemos diante do que parece uma grande derrota. Você pode usar a experiência para construir um objetivo maior. Como eu disse, tive de aceitar, sim, que perdi para o preconceito escancarado que dominava o sistema naquela ocasião. Eu seguiria batalhando para que as próximas gerações não tivessem de sofrer as mesmas quedas.

Outro exemplo, do qual já falei um pouco, era o meu sonho de ser cantora. Depois de muita insistência, eu cantei, gravei discos, levei milhares de pessoas aos shows que criei, produzi e performei. Se dependesse do meu desejo, eu teria ido muito além nessa área da minha carreira. Mas, naquela época, travestis, trans e drag queens não cantavam, apenas dublavam. Nunca aceitaram que eu cantasse, e ninguém me incentivou a tentar ir mais longe, porque diziam que minha voz era grave, que não daria certo, que mulher tinha de ter voz fina. Aquela invalidação à qual eu já estava acostumada.

Diante de tantas negativas, eu tive dificuldade em acreditar no potencial da minha voz. Mas como sou movida a desafios, estudei para transformar a voz grave em aguda. Hoje, sou soprano e canto ópera. Além do Theatro Municipal, fui convidada a cantar o Hino Nacional na Parada LGBT+ de 2023. E, mais recentemente, me apresentei no Instituto do Câncer do Estado de São Paulo (ICESP) com a *Ave Maria,* de Gounod. Que bom que as coisas mudaram. Quando ouço uma voz grave, como a de Gloria Groove, no topo das paradas, fico feliz. Eu me orgulho por ter quebrado paradigmas e plantado uma semente. Mesmo que ninguém tenha segurado minha mão e me encorajado a seguir em frente. As gerações atuais não precisam mais passar pelo que eu passei, e sinto que tenho uma participação nisso. Perdi a batalha, mas não perdi a guerra.

RECUAR PARA AVANÇAR

Além de saber usar suas derrotas para construir e atingir objetivos maiores, saber o momento e a maneira de recalcular o trajeto e redefinir as prioridades é fundamental. Quando entendi que precisava enveredar para o caminho da política se quisesse transformar brutal e sensivelmente a realidade para a comunidade LGBTQIAPN+, tive de renunciar a alguns sonhos. Como falei, eu precisei deixar a arte, que é minha paixão, de lado.

Adoro cantar e me apresentar, mas decidi que era mais importante atuar em outras frentes e que isso era incompatível com esses meus outros talentos. Pelo menos por um período. Eu também não poderia mais pintar, já que, quando me sentava diante de uma tela, passava de oito a doze horas pintando. Eu não tinha mais esse tempo livre, como aconteceu na pandemia. Era hora de mudar.

Dentro da própria política, também é preciso fazer escolhas e elencar prioridades o tempo todo. Não raro, para fazer alguma reivindicação na coordenação municipal, tive de discutir e enfrentar uma autoridade de perfil severo e totalmente contrário à ideia que eu estava defendendo. Afinal, a política neste país ainda é majoritariamente liderada por homens cis. Se vejo que a conversa não está dando resultado, dou um passo atrás, me acalmo, tomo um cafezinho, respiro.

Na sequência, com mais tranquilidade, tento traçar outro plano para chegar aonde eu quero. Não é que dá certo? Aliás, muitas vezes, essa pequena e breve recuada é suficiente para que eu crie uma estratégia ainda mais eficiente, que me dá a chance de conquistar mais do que eu havia pensado em pedir no início da conversa.

O TEMPO DAS COISAS

Além do lado profissional, essa estratégia se aplica aos acontecimentos mais representativos da minha trajetória pessoal, como a descoberta e a aceitação de quem eu sou, diante de mim mesma e das pessoas mais importantes da minha vida. Por volta dos meus 25 anos, depois das passagens por diferentes religiões, tentando me espremer em caixinhas em que eu simplesmente não cabia, só para ser acolhida, eu começava a reconhecer quem eu era de verdade. Entretanto, ainda não estava madura.

O meu desejo mais imediato era sumir no mundo e me assumir em outro lugar, onde eu não seria reconhecida. Assim, ninguém poderia me cobrar nada, e eu seria completamente livre. Só que, bem aí, descobri que seria pai. Aquilo mexeu muito comigo e, então, tive que reorganizar minhas prioridades. Decidi, portanto, que esperaria meu filho nascer, crescer, entender melhor a realidade. Eu me sacrifiquei por alguns anos para que ele fosse criado dentro dos padrões. Por ele, sim, mas também porque eu estava insegura. Puxei o freio de mão. Tive de escolher outra batalha.

"Papai, você é 'viado'?", me perguntou meu filho, Vitor, então com sete anos, exatamente com esse termo. Eu rebati com outra pergunta: "Você sabe o que é ser 'viado'?". Ele disse que não. Então, mais uma vez, me segurei, porque percebi que ainda não era hora. Eu disse apenas: "Quando você souber, eu te respondo". Passaram-se dois anos e, aos nove, ele voltou ao tema: "Papai, você é gay?". Veja como já melhorou até o termo que ele usou! Eu perguntei, de novo, se ele sabia o que era ser gay e, dessa vez, ele explicou que era quando um menino se apaixonava por outro menino.

Senti que ele estava preparado para se aprofundar um pouco mais no tema e que não mudaria os seus sentimentos por mim se eu confirmasse a sua suspeita. Nesse dia, eu soube que poderia ser feliz, quando ouvi dele que me amaria de qualquer jeito. Eu tinha perdido batalhas ao me segurar por tantos anos? Talvez, na visão de muitos, sim. Porém, aquele momento confirmou que havia razão e um tempo certo para tudo. Eu "perdi" alguns anos, para colher uma vitória muito mais importante e com muito mais confiança depois.

Mais de uma década precisou se passar para que eu pudesse dar outro passo em direção a mim mesma. Eu entendi que eu era transexual e tive de conversar sobre o assunto com meu ex-marido. Até então, eu me identificava como um rapaz gay, e era com essa figura que ele havia aceitado se casar. Descobri que eu era outra pessoa e tinha de ser honesta com ele. Era hora de contar que eu era uma mulher. Ele me respondeu: "Eu te amo, te adoro, mas não gosto de mulher. Vamos nos separar, mas podemos ser amigos". Eu já tinha quarenta anos. Demorou, no entanto tudo aconteceu do jeito certo, com sinceridade. Terminamos o casamento e ressignificamos nosso amor. Até hoje, somos unha e carne.

Prova disso foi o momento em que, finalmente, passei pela cirurgia para implantar meus seios, um divisor de águas na vida de mulheres trans. A partir disso, a gente renasce. Não que seios definam uma pessoa, mas é algo bastante simbólico nesse caso. Lembro exatamente do instante em que acordei da anestesia e me deparei com meu ex-marido e minha mãe no hospital. Ambos seguravam meu primeiro sutiã. Sofri bastante antes, por adiar essa minha aceitação e o momento de assumir quem eu era de verdade, por quatro décadas. Mas ali me senti acolhida, do jeito que eu era, pelas pessoas que eu mais amava – e que mais me amavam. É ou não é uma das maiores vitórias que podemos obter na vida?

Adiar alguns dos meus sonhos e desejos e, certas vezes, abrir mão deles, ainda que em prol de outras realizações ou de aguardar a hora certa, é difícil. Às vezes, é bem frustrante para mim. Por isso, essa é uma das estratégias que mais me provocam. Contudo, a esta altura, você também já sabe que eu sou movida a desafios, não é? É uma regra que precisamos aceitar: não dá para ter tudo.

Até porque, entre fazer tudo malfeito e eleger minhas prioridades, realizando-as da melhor maneira possível, colocando todo o meu coração e meu esforço, fico com a segunda opção. Em vez de fazer cinco coisas, por exemplo, escolho três e as executo perfeitamente. Sou da opinião que, se não for para fazer bem-feito, melhor nem fazer. Vai por mim!

Se não for para fazer bem-feito, melhor nem fazer.

CAPÍTULO 9

"Conheça todas as teorias, domine todas as técnicas, mas, ao tocar uma alma humana, seja apenas outra alma humana."

CARL JUNG

ESTRATÉGIA NÚMERO 6: **SEJA HUMANO**

Mesmo com todos os reveses que enfrentei desde que me entendo por gente, sempre fui uma criança muito dócil. Muito tempo depois que me assumi gay aos dezoito, quando a poeira baixou, minha mãe admitiu para mim: "No fundo, eu já sabia que você era gay". Quando perguntei o que fez com que percebesse, ela me respondeu que era justamente o fato de eu ter sido uma criança amorosa, muito além do normal. Lembro-me como se fosse ontem. Nós estávamos em pé, na rua, fazendo um lanche numa barraquinha. Tive de me sentar na calçada para tomar um ar, de tão tocada que fiquei.

Ainda que hoje receba o merecido reconhecimento, tanto da minha família quanto de boa parte da sociedade, ter sido invalidada por tanto tempo causou sérios efeitos em mim. Por muitos anos, apanhei sem saber o porquê, e a palavra que eu mais ouvia era "não". "Não pode ter essa boneca", "Não pode ter esse cabelo", "Não pode ter essa voz", "Não pode dançar assim", "Não pode cruzar as pernas". Então, na vida adulta, você procura emprego e ouve, de novo, diversas vezes, "não". Sem falar em todas as agressões físicas, verbais e não verbais, nos olhares...

Tudo isso fez com que eu endurecesse aos poucos. Era como se camadas de raiva e de autodefesa tivessem sido acumuladas com o tempo e formado uma casca grossa. Debaixo de todo esse "sedimento", tinha ficado enterrada aquela joia, que era aquela criança amável que morava dentro de mim. Ela ia ficando cada vez mais escondida, bem lá no fundo.

É claro que cada pessoa é única e tem uma reação, uma forma diferente de processar os acontecimentos da vida. Mas é muito comum que essa "casca" vá se criando, como uma resposta a tanta hostilidade e a tantas violências que sofremos. Você pode reparar que a agressividade é uma característica frequente entre várias mulheres trans – e acho que isso vem exatamente desse lugar. Nós somos tão atacadas, que, com o tempo, o ataque passa a ser a nossa maior defesa.

Houve um período da minha vida em que eu sentia isso de forma mais intensa. Eu me tornei uma pessoa extremamente grossa, mal-educada, arrogante. Coincidiu com o momento em que comecei a ficar famosa. Eu pensava assim: "Agora que todo mundo me bajula, vou descontar tudo o que fizeram comigo até hoje". Revoltada e com raiva, comecei a maltratar quem merecia e quem não merecia também. Era patada para tudo quanto é lado.

Até que um episódio mudou o meu comportamento. Eu estava nessa fase, atropelando tudo, feito um caminhão desgovernado, querendo me vingar de tudo e de todos. Quando eu ia fazer shows, mandava destruir os cenários, dizia que não gostava, mandava começar de novo, fazia da vida de muita gente um inferno com tantas cobranças. Então, em uma noite, eu ia me apresentar em uma casa chamada E-Dub, em Piracicaba, no interior de São Paulo. Eu tinha dado um desses escândalos, querendo derrubar tudo. Eu tinha exigido que a equipe mudasse o piso do palco, mudasse o cenário, enfim, implicava com um monte de bobagens para mostrar que eu era uma autoridade. Aquilo fazia bem para o meu ego e, de certa forma, saciava parte da minha sede infinita de retaliação.

Era quase meia-noite, e uma fila já se formava na porta da casa. Eu tinha um dos maiores cachês e na época era considerada a maior artista performática da noite LGBT+ do Brasil. Era uma celebridade de verdade. Lembro que estava fazendo todas aquelas exigências, sentada no camarim, meio recostada, inclinada em uma poltrona, enquanto mordia uma maçã, bem plena. De repente, fiquei olhando o pessoal trabalhando loucamente para tentar atender aos meus pedidos, limpando o palco, todo mundo suado, sem conseguir tomar banho. Olhei no relógio e estava quase na hora da apresentação. Ali me deu um estalo. Eu me perguntei: "Cadê aquela criança amorosa, que fez com que minha mãe me reconhecesse como LGBT antes mesmo de eu me assumir? O que eu estou fazendo?". Tive uma crise de choro e me reencontrei, debaixo de toda aquela casca. Até hoje me emociono quando lembro daquele momento. Desde então, nunca mais deixei aquela criança morrer.

A MELHOR DAS INVENÇÕES

Com a maturidade que tenho hoje e depois que voltei a ser a pessoa amorosa, com quem me reconectei antes daquele show, criei mais esta estratégia: olhar a humanidade dentro das pessoas, a começar por mim. É claro que não sou perfeita, mas tenho um exercício diário que faço para tentar minimizar meus erros. Antes de fazer qualquer coisa ou tomar qualquer decisão, eu me pergunto: "O que Jesus faria?".

Não sei se Jesus existiu de fato ou se é uma mentira que nos contaram. Porém, independentemente disso, sou uma grande fã dele. Se ele não for real, é a melhor das invenções. A história de amor dele é irretocável: nunca condenou ninguém e veio ao mundo para salvar pessoas. Alguma dúvida de que ele seria crucificado com facilidade se voltasse hoje?

Certa vez, o cantor pernambucano Johnny Hooker[19] foi muito atacado depois de puxar um coro no palco, afirmando: "Ih, ih, ih, Jesus é travesti". Ele recebeu críticas porque muita gente entendeu tudo errado. Ele não quis ofender as pessoas cristãs, e sim dizer que Jesus habita em todos nós. Nós, da comunidade LGBTQIAPN+, também nos tornamos Jesus quando somos crucificados e assassinados todos os dias apenas por sermos quem somos. Para não voltar a viver com rancor, eu bebo dessa fonte de amor e perdão, a maior de todas.

Inspirada nele, eu busco enxergar a humanidade nas pessoas, quando ninguém mais parece conseguir. Pode soar prepotência, porém tenho certeza de que já salvei várias vidas agindo dessa maneira. Uma delas foi a de uma menina trans de 27 anos, que eu digo que "adotei" e para quem me tornei uma espécie de fada-madrinha. Ela era viciada em drogas e foi presa por tráfico. Conheceu o marido dela, um menino novo, de 21 anos, na

19. PERDIGÃO, L. Johnny Hooker tem show cancelado por dizer que Jesus é travesti. ***Metrópoles Online***, 26 set. 2023. Disponível em: https://www.metropoles.com/entretenimento/musica/johnny-hooker-tem-show-cancelado-apos-dizer-que-jesus-e-travesti. Acesso em: 29 jul. 2024.

Eu busco enxergar a humanidade nas pessoas, quando ninguém mais parece conseguir.

cadeia. Eles se apaixonaram e, coincidentemente, saíram do cárcere quase na mesma semana.

Depois, foram morar na rua. Ela tinha o sonho de me conhecer porque me achava uma referência. Então, vendeu doces no farol, em Brasília, para conseguir o dinheiro. Quando ela me contou sua história, eu sabia que tinha de fazer alguma coisa. Até porque não existem políticas públicas realmente eficientes, a meu ver, para a população egressa do sistema penitenciário. Esse acolhimento para a restauração dessas vidas também virou uma pauta minha. Essa menina e o marido, sem nada, semianalfabetos, ficaram jogados às traças e estavam completamente vulneráveis. Então, foi assim que ela se tornou minha filha de consideração. Eu ajudei a trazer o casal para São Paulo, arrumei emprego para eles, dei uma casa, ajudei a mobiliar, tudo para que eles pudessem dar um primeiro passo. Quando eles começaram a ganhar o primeiro salário, conseguiram caminhar sozinhos. Ela ficou tão grata, que tatuou meu nome.

Outro exemplo nesse sentido, que me deixa muito satisfeita, tem a ver com o mutirão da empregabilidade para as pessoas da comunidade LGBTQIAPN+, que promovo aqui em São Paulo. Tinha uma menina trans que participava de todos e eu sempre arrumava vagas para ela, mas nada dava certo. Era considerada problemática. Ela estava muito revoltada, um olhar já era o suficiente para ela achar que estava sofrendo transfobia, era complicado. Lembra da casca e da agressividade como defesa?

Eu sabia que não podia desistir dela. Um dos empregos que consegui para ela foi em um hotel. Conversei com os donos, que concordaram em oferecer a vaga e fizeram de tudo para segurá-la. Ela só ficou dois dias! Quando fui tentar entender o que tinha acontecido, ela ainda brigou comigo. Todos ao redor me perguntavam por que eu estava deixando que ela me tratasse daquele jeito. Mas, então, usei a minha estratégia novamente: o que Jesus faria? E é lógico que ele não a abandonaria.

Eu percebi que tinha de entender a vulnerabilidade dela para poder ajudá-la, efetivamente. Depois de muita conversa, observação e empatia, descobri que ela não tinha vocação para ser funcionária. Ela queria trabalhar, sim, mas no tempo dela, do jeito dela, sem que ninguém mandasse. Eu me identifiquei porque sou assim também, muito independente. Não nasci para ser liderada. Então, veio a luz: ela tinha talento para empreender.

Tive a ideia de propor que ela fizesse um curso para fazer unhas de gel. Assim, trabalharia no horário dela, o que deu supercerto. Ela se encontrou. Inclusive, me inspirei no caso dela para conseguir uma emenda parlamentar, e abrimos uma licitação para oferecer um curso nessa área, que formou oitenta meninas trans. Além de aprenderem tal ofício, as alunas já se formaram com o material, prontas para começar a trabalhar sozinhas ou em empresas especializadas. Não solto a mão de ninguém, você sabe.

ERRAR É HUMANO

Aprendi muito sobre a vida, com essas experiências, as boas e as ruins. Mas sou humana e, obviamente, sou vulnerável. Eu também sofro, choro, erro. Às vezes, ainda me altero, sobretudo quando me confrontam. Há pouco tempo, em uma das palestras que ofereci para a Guarda Civil Metropolitana, um policial foi extremamente agressivo em uma fala, e eu o coloquei para fora. Eu não precisava ter agido daquela maneira, mas ele tocou em uma grande ferida, com a qual não sei lidar até hoje: a rejeição.

Da mesma forma, quando descobri que estava sendo traída com uma mulher cisgênero em um relacionamento, me revoltei. Magoada, eu o expus, tornando públicas várias particularidades que ele tinha confiado a mim ao longo do nosso relacionamento. Passei um ano sofrendo, toda vez que o via junto da outra na internet, porque me senti diminuída como mulher.

Outra fraqueza que tenho é que nem sempre sou tão empoderada quanto gostaria. Todos os dias, na internet, as pessoas repetem que as mulheres cis são mais mulheres do que nós, trans. Então, tenho de entoar mantras para mim mesma, diariamente, dizendo que sou linda, maravilhosa, forte, lutadora, resistente, enfim, uma sobrevivente. Se eu não fizer esses exercícios de autoajuda, me afundo em uma depressão e caio nesse buraco em que fui jogada ao ser trocada por outra mulher. Isso destruiu minha vida emocional na época, mas passou, graças a Deus. Hoje eu o perdoei, não sinto mais ódio. Na verdade, sinto até um pouco de compaixão. Tive motivos para ter raiva, porém já me recuperei.

Reconhecer as nossas falhas, as nossas vulnerabilidades e as nossas fraquezas é, também, uma tática de autoconhecimento. Aos poucos, a gente consegue lidar melhor com os pontos fracos, entende quando precisa pedir ajuda e a quem recorrer. Aprende, sobretudo, a seguir em frente, a levantar ao cair e a lembrar que valemos mais do que nossos tropeços. Afinal, somos todos humanos.

Reconhecer as nossas falhas, as nossas vulnerabilidades e as nossas fraquezas é, também, uma tática de autoconhecimento.

CAPÍTULO 10

"As pessoas boas merecem nosso amor;
as pessoas ruins precisam dele."

MADRE TERESA DE CALCUTÁ

ESTRATÉGIA NÚMERO 7: **DECIDA AMAR**

Dizem que Deus não é muito acostumado a acordos, mas, há alguns anos, resolvi fazer um com Ele mesmo assim. Eu já tinha passado décadas da minha vida tentando me ajustar a religiões e estava simplesmente esgotada daquela situação. Frequentei a Igreja Católica com a minha família, durante toda a infância e a adolescência. Mais tarde, fui para a Igreja Evangélica, me dediquei, li a Bíblia, conversei com os pastores. Cheguei ao ponto de fazer um filho, em uma relação heteronormativa, para provar que eu era homem. Assim, achei que parariam de me atormentar. Fiz de tudo para me ajustar ao que diziam que eu tinha de ser. Afinal, se eu não me encaixasse naquelas regras, mesmo sentindo que eu não cabia nelas, ninguém me amaria. Nem mesmo Deus. Mas… será?

Assim como fiz com todos os outros aspectos da minha vida e faço até hoje, eu também tinha de ser a melhor dentro da Igreja – se você chegou até este capítulo, já sabe disso. Estudei a Bíblia de cabo a rabo, me esforcei o máximo que pude. Contudo, justamente por mergulhar em todos aqueles textos e ensinamentos, compreendi que havia algo que não fazia sentido para mim ali. Percebi que algumas peças fundamentais não se encaixavam.

Existe uma frase famosa, que não é bíblica, mas que as pessoas repetem muito, dentro e fora da Igreja: "Não cai uma folha de uma árvore se não for da vontade de Deus". Pode ser que você mesmo já tenha ouvido isso de alguém. Bem, certo dia, em um culto de que participei, o pastor disse algo semelhante. Ele afirmou: "Deus já sabe tudo o que vai acontecer com a sua vida, antes mesmo de você nascer". Aquelas palavras acenderam uma faísca dentro da minha cabeça.

No instante em que o culto acabou, fui até o pastor e falei que precisava da atenção dele por dez minutos. Ele se predispôs a me ouvir. "Pastor, o senhor disse agora, no culto, que eu já era uma pessoa muito preciosa para Deus, que sou uma criação Dele e que Ele até já me chamava pelo nome, antes de eu chegar neste mundo. O senhor falou que Deus sabe tudo o que vai acontecer comigo, do dia em que nasci até o dia em que vou morrer, certo?", perguntei. Ele assentiu, confirmando. Então, questionei: "Se Ele já sabe como eu vou morrer, já sabe também, antes de eu nascer, que serei condenado ao fogo do inferno, por ser quem eu sou?". Ele argumentou dizendo que eu tinha o livre-arbítrio, ou seja, que mesmo sob a ciência de Deus, eu poderia fazer as minhas escolhas ao longo da vida. Ora, ainda assim, se eu mudasse de ideia mil vezes, Ele já sabia que eu morreria e iria para o inferno, não? O pastor ficou sem resposta. Foi nesse dia que a minha ficha caiu. Naquele momento, vi que aquilo tudo estava errado e me libertei. Eu disse adeus à religião.

Mesmo depois desse episódio, durante alguns anos fui adepta da filosofia espírita kardecista, uma doutrina baseada na evolução espiritual, por meio da reencarnação. Novamente, fiz todos os cursos, li muitos livros. Até hoje, flerto com essa ideia. Ainda assim, entretanto, há pontos com os quais, como ser pensante que sou, sigo em discordância. Então, simplesmente resolvi parar de sofrer com questões religiosas, que fizeram com que eu me sentisse um lixo a vida inteira.

Foi assim que, finalmente, já na casa dos quarenta anos, resolvi assumir quem eu sou de verdade. Nesse momento, fiz uma espécie de tratado com Deus. Conversei com Ele: "Deus, se o Senhor quiser me mandar para o inferno e já sabe disso desde que eu nasci, então, pode mandar, aceito a Tua vontade. Porém, quero ser feliz nesta vida, já que ninguém tem certeza sobre o que há do outro lado. Quero me realizar aqui e não vou continuar vivendo de frustração, como tenho feito há décadas. Cansei. Proponho a garantia de que serei a melhor filha, a melhor mãe, a melhor esposa. Além de fiel e amorosa, vou cuidar das pessoas e ajudá-las. Se eu puder, vou montar faculdades, vou construir hospitais, vou salvar vidas. Quanto mais o Senhor me der condições, mais eu vou arrasar por aqui, amando o próximo. Se, mesmo depois de tudo isso, quando eu morrer, o Senhor disser: 'Olha, filha, você foi maravilhosa, fez tudo o que Eu quero que uma pessoa faça, mas vou precisar mandar você para o inferno porque você é trans', tudo bem, eu vou".

ACIMA DE TUDO, O AMOR

Não é incomum que eu seja procurada por mães desesperadas e preocupadas. "Léo, meu filho é gay. E agora?", perguntam. Sabe qual é a minha resposta para essas famílias? "Comemore! Estoure um espumante! Parabéns, você tem uma pedra preciosa em casa. Quem tem um filho da comunidade LGBTQIAPN+ nunca vai morrer sozinho." É claro que não é uma regra, porque em todas as parcelas da sociedade, sejam héteros, LGBTs, ricos, pobres, brasileiros, ingleses, australianos... sempre existe gente boa e gente má. Porém, o que quero enfatizar para os pais nesse momento é que não é um bicho de sete cabeças. Vocês não estão sozinhos. O que nós, da comunidade, precisamos e reivindicamos é respeito, afeto e acolhimento. Então, a tendência é ofertarmos todo esse amor de volta também ao nosso próximo.

Por isso coloco essa minha decisão de amar o outro – que, de certa forma, é amar também a mim mesma – como uma estratégia de sobrevivência e resistência. Mesmo tendo sido objeto de desprezo e raiva de muita gente, durante boa parte da minha existência, eu escolho revidar todo esse ódio com amor. Caso contrário, o ódio vira uma bola de neve. E qual é o final dessa história? Um caixão.

Muitas vezes, porém, nos calamos por amor ao outro e à nossa própria vida. Se você se ama, vai preservar a sua própria integridade. Explico: se alguém me xinga, ainda que eu esteja na minha razão, percebo que aquilo é uma provocação. Em geral, aquela pessoa está apenas buscando motivos para me atacar. Não sou eu quem vai devolver justamente o que ela quer. Portanto, escolho não alimentar essa fogueira.

Acredito muito na força do amor e acho que ele sempre vai vencer. Essa é uma estratégia que funciona para qualquer situação, ainda que, às vezes, pareça que não. Quem pratica a benevolência acaba se calando mais. Quando não há maturidade para analisar a situação em perspectiva mais ampla, fica aquela impressão de que você é "trouxa". A princípio, parece que você está perdendo uma batalha, por não querer discutir. Mas é bem o contrário. O mundo dá voltas, afinal.

Vivi muito isso em 2012, quando participei da quinta edição do reality show *A Fazenda*, na TV Record. Foi um grande exercício para a minha vida. Eu não tinha problemas com ninguém, mas, na hora de votar para eliminar um dos participantes, pois aquilo era um jogo, era preciso caçar justificativas. E, lá dentro, isso acabava ganhando uma proporção enorme. Eu dizia para os outros participantes o quanto os amava. Aí, começaram a usar isso contra mim, a me chamar de falsa. Eles afirmavam que não era possível acreditar em alguém que dizia que amava todo mundo. Então percebi, de maneira ainda mais nítida, como o ser humano inverte os valores.

Neste mundo, você precisa evitar se entregar, manter uma distância, observar, fingir frieza, não demonstrar sentimentos. Só depois pode dizer que ama. Comigo não funciona assim. Primeiro, eu amo. Depois, se você me decepcionar, podemos conversar sobre isso. Na minha vida, o amor vem antes de tudo.

INCONDICIONAL

O amor de verdade é incondicional e infinito, na minha opinião. Quanto mais você ama, mais amor tem para dar – sem escolher a quem. Algumas pessoas, porém, além de não amarem, ainda lutam para impedir que os outros deem seu amor a quem bem entenderem. Em 2023, parte do Congresso Nacional, por exemplo, se dedicou a criar um projeto de lei para impedir a união homoafetiva. Vale lembrar que, desde 2011, a união entre casais do mesmo sexo tem o reconhecimento de entidade familiar pelo Supremo Tribunal Federal (STF). Não vou nem entrar no mérito do quão absurdo é isso, tanto que a votação foi retirada da pauta rapidamente na Comissão de Previdência e Família. Mas gostaria de compartilhar um texto que o deputado federal e pastor Henrique Vieira publicou em suas redes sociais, que ressoa um pouco com o que penso:

"Deus, me lembro das minhas primeiras orações, ainda tão menino. Você conhece meus passos e meu coração. E, na minha frágil humanidade, repleta de fraquezas e contradições, tenho encontrado a beleza do Teu amor. O mundo, por vezes, é tão pesado. As lutas parecem em vão e me pergunto a razão de tantas batalhas. É estranho ver o mundo doer em mim! Mas como esquecer dos rostos que vi? Deus, que minha fé seja permeada por radical amor. Que o terno e a gravata não engessem meus afetos. Que eu saiba bem a razão de estar aqui: crianças querendo comer e brincar; pessoas que só querem o direito de sem medo amar; povos que só querem na terra plantar e da Terra cuidar; artistas querendo dançar, jovens querendo sonhar; pessoas nas ruas querendo um teto para morar! Tem arco-íris de diversidade e abraços negros de liberdade!"[20]

Amar sem medo deveria mesmo ser um direito de todos, porém, tragicamente, não é essa a realidade, sobretudo por aqui. O Brasil lidera o ranking dos países com mais discurso de ódio contra a comunidade LGBTQIAPN+ nas redes sociais. De acordo com um levantamento recente feito pelo instituto Deep Digital LLYC, aproximadamente 37% das mensagens compartilhadas no nosso país são de aversão ou ódio a essa parcela da população.[21] Você não leu errado, é isso mesmo, mais que um terço. As redes

20. VIEIRA, H. "Felizes os que choram, pois serão consolados"(...). 28 set. 2023. X: pastorhenriquev. Disponível em: https://x.com/pastorhenriquev/status/1707387884938928381. Acesso em: 29 jul. 2024.

21. DISCURSO de Ódio e Orgulho LGBTQIA+ no Debate Digital, LLYC Ideas, jun. 2023. Disponível em: https://llyc.global/pt-pt/discurso-de-odio-e-orgulho-lgbtqi-no-debate-digital/. Acesso em: 29 jul. 2024.

sociais, claro, são apenas um recorte da realidade. Em ambos os mundos, o virtual e o real, existem leis contra esse tipo de discurso de ódio e preconceito. Mas no virtual, a impunidade somada ao anonimato faz com que essa aversão aos "diferentes" se sobressaia e retroalimente as barbáries que acontecem aqui fora.

Em um país em que a maioria das famílias é cristã, as religiões têm, sim, uma ligação com esse contexto, como apontam Gut Simon, Bob Luiz Botelho, Tânia Afonso e Ana Ester no livro *Sementes da vida: rejeição e aceitação de filhos/as/es LGBTI+ em lares cristãos.*[22] "Durante séculos, o cristianismo se espalhou de forma hegemônica da Europa para quase a totalidade do mundo ocidental, bem como construiu e reforçou uma leitura teológica e bíblica que vincula a diversidade sexual e de gênero ao pecado, à perdição, ao inferno e a tudo aquilo que seria considerado 'abominável' por Deus", explicam os autores, em um trecho da obra.

Eles acreditam que essa forma interpretativa da Bíblia tem condenado a maior parte de pessoas de orientação sexual, identidade e expressão de gênero que não seguem aquilo que é considerado como norma a relações cada vez mais violentas, inclusive dentro das próprias famílias. "Geram-se, assim, exclusões, apagamentos, marginalidade, depressão, imposição de padrões socioculturais, 'cura gay', suicídio e mais preconceito, violência e morte", completam os autores, defendendo que essa visão de mundo impossibilita a compreensão do que a ciência e a lei dizem sobre essas pautas. O amor evitaria tudo isso!

Durante um longo período, como falei no início deste capítulo, estive exatamente nesse lugar, tentando me encaixar onde não

22. GUT, S.; BOTELHO, B. L.; AFONSO, T.; ESTER, A. ***Semente de vida***: rejeição e aceitação de filhos/as/es LGBTI+ em lares cristãos. São Paulo: Saber Criativo, 2023.

cabia, enquanto sofria todas as violências possíveis. No entanto, depois do acordo que fiz com Deus, parei de esquentar a minha cabeça com o que iam achar de mim ou com a aceitação das outras pessoas.

Em vez disso, foquei viver sendo eu mesma, com essa missão de vida, de amar o próximo, como Jesus nos amou – e como eu combinei com Ele que faria até o meu último suspiro. Renunciei à religião dos homens e me apeguei à prática do amor, todos os dias. Minha missão de vida é amar o outro, ainda que ele seja meu algoz. Para selar esse trato, tatuei uma frase no antebraço direito, visível para qualquer um ler: "Decidi amar você".

Decidi amar você.

CAPÍTULO 11

O SHOW TEM QUE CONTINUAR

Como contei para você no decorrer deste livro, fui invalidada diversas vezes ao longo da minha vida, desde muito cedo. Quando eu era criança, por exemplo, virava motivo de chacota toda vez que via algum artista na televisão e dizia que estaria ali um dia também. Da mesma forma, todos riam quando eu falava que iria fazer faculdade, cantar no Theatro Municipal, ter fama, ficar rica... e todas aquelas histórias que compartilhei nestas páginas. Em parte, entendo o descrédito das pessoas que viviam ao meu redor, pois éramos pobres e com poucas oportunidades para nos desenvolver.

Mas até hoje sempre consegui praticamente tudo o que quis. E embora tenham sido muitas conquistas, uma das que mais me orgulham é ter um curso superior. Tanto que exponho meu diploma de jornalista na parede de casa. A minha próxima meta é ser a primeira presidente trans do Brasil. Não ligo para quem rir disso também, eu sei que vou chegar lá.

Pode ser que essa meta não aconteça exatamente da maneira que planejei. Eu recebo muitas ameaças de morte, afinal muitas pessoas não gostam do que sou e do que falo (de peito aberto, aliás). Mesmo assim, costumo dizer que jamais vou morrer. Porque eu não sou uma pessoa, eu sou um movimento. Então, ainda que leve cem anos para o Brasil ter a sua primeira (ou primeiro) presidente trans, eu também estarei ali representada nessa pessoa. Quem sabe ela (ou ele) seja até mesmo alguém que esteja lendo este capítulo neste momento? Afinal, a mensagem de um livro tem o poder de ultrapassar gerações, de fazer o passado, o presente e o futuro conversarem entre si.

Gostaria de ressaltar, no entanto, que embora o cargo de presidente seja o posto mais alto da nação, ele não é o único que importa. Temos as câmaras municipais, as secretarias, os ministérios, o Congresso Nacional. As lutas das minorias, incluindo a nossa comunidade LGBTQIAPN+, têm de se espalhar por todas as pastas. Por essa razão, enquanto presidente do MDB Diversidade, tenho incentivado muita gente Brasil afora a se candidatar. Hoje somos poucos, mas em breve, quando menos esperarmos, seremos muitos. Não se esqueça: quem não governa é governado.

RETROCESSOS

A hora é agora. Atualmente vivemos um tempo de retrocessos nas lutas pelos direitos civis. Essa reação negativa a mudanças sociais ou políticas costuma ser chamada de efeito rebote[23] (ou *backlash*, em inglês) e faz com que, a cada passo para a frente, no sentido de dar voz à pluralidade, surjam forças opostas para questionar e pôr em xeque tudo o que já foi conquistado. A meu ver, é como se o Brasil fosse uma chocadeira de todos esses ovos do retrocesso que nasceram lá fora, mas estão prestes a eclodir aqui dentro. O meu papel e o de todos que acompanham a minha luta é desligar a chocadeira. Diariamente. A impressão que tenho é que, antes de melhorar, a coisa vai piorar, e muito. Nós, que formamos as minorias, embora não sejamos menos em número, ocupamos menos espaços de poder e temos de nos envolver com a luta em todas as instâncias.

A comunidade LGBTQIAPN+, por exemplo, está sentindo na pele esse efeito rebote. Porque, antigamente, muitas pessoas que exaltavam a heteronormatividade eram contra nós. "Apenas" isso. Hoje em dia, além de serem contra, apresentam projetos de lei para nos limitar e invalidar ainda mais. Prova disso é a discussão em torno de quais banheiros públicos as mulheres transexuais e travestis podem usar.

Embora seja permitido por lei que elas usem aqueles de acordo com o gênero com que se identificam, querem nos proibir de exercer o nosso direito. Alguns alegam que, sendo assim, a melhor saída seria criar um banheiro para as mulheres trans. Ao que eu respondo: isso é segregação! Seria o mesmo que voltar no tempo, como até meados dos anos 1950, em que as pessoas pretas não podiam se sentar nos mesmos bancos que as pessoas brancas nos ônibus nos Estados Unidos.

23. FELIZARDO, D.M.P. O efeito backlash. ***Politize!***, 8 nov. 2023. Disponível em: https://www.politize.com.br/backlash/. Acesso em: 30 jul. 2024.

Qual é o argumento que eles usam para apresentar esse tipo de projeto? O absurdo de que, ao autorizar as mulheres trans a frequentar os banheiros públicos femininos, possíveis estupradores vão se sentir incentivados a se fantasiar de mulher para invadi-los também. Parece que estão de brincadeira, não é? Eles acham mesmo que um homem vai se dar ao trabalho de fazer um tutorial de maquiagem para se passar por mulher e cometer esse crime? Se ele quiser, ele sequestra uma mulher e o faz em qualquer lugar, com menos risco de ser pego: na rua, num terreno baldio, na balada... e, pior ainda, até mesmo dentro de casa, com alguma mulher de sua própria família.

Você já ouviu algum registro de mulher trans que se dirigiu a um banheiro público e cometeu um estupro? Aposto que não. Claro que existe gente maldosa para tudo, com isso tenho de concordar. Mas nesse caso, se um homem fizer isso, quem tem de ser preso e punido é ele – e não a comunidade trans.

DESISTIR NÃO É UMA OPÇÃO

Costumo dizer que a gente precisa se transformar em um tanque de guerra para enfrentar todos esses percalços. Desistir não é uma opção para mim. Mas e se eu ficar com medo, Léo? Vai com medo mesmo. Seja do receio de sofrer perseguição por ser muito afeminado ou, ao contrário, muito masculinizado, não importa! As pessoas sempre vão achar motivos e defeitos para julgar e condenar qualquer um que se atreva a ser diferente do "normal". Por isso, siga em frente. Dê o primeiro passo. E depois disso você já não estará mais no mesmo lugar!

O medo é a pior crença limitante que existe. Em outras palavras, em algum momento da sua história alguém te fez acreditar que você não teria coragem de perseguir suas metas, e esse pensamento acabou criando raízes e se tornando um traço da sua personalidade. Para combater essa crença, o primeiro passo é reconhecê-la. Está tudo dentro da sua cabeça, por isso só cabe a você mudá-la.

Se eu tivesse acreditado (conforme fiz por um tempo) em todas as setas do fracasso que me foram apontadas desde o meu nascimento, jamais teria saído da periferia. Obviamente também não teria tirado a minha família da favela, como fiz, anos depois. Ao lado das minhas conquistas acadêmicas, ter a possibilidade de comprar uma casa para os meus pais é outra vitória que me inunda de satisfação.

Quando me assumi um homem gay, aos dezoito anos, as coisas não ficaram bem entre mim e meu pai. Com o tempo, a poeira baixou, e voltamos a nos falar. Ele faleceu há cerca de dez anos, então acompanhou a minha batalha e o meu salto para o sucesso. Terminou a vida me aplaudindo de pé e agradecendo por tudo o que fiz para a nossa família. No fim das contas, a filha "problemática" foi aquela que deu mais motivos para eles se orgulharem.

A LEI DO RETORNO

Acontece que sempre fui assim. Fiz tudo para agradar aos outros, começando pela minha família, para provar que eles estavam errados a meu respeito. Eu era, sim, uma pessoa inteligente, criativa, batalhadora, e nada iria atravancar o meu caminho. Acredito piamente na Lei do Retorno, um conceito que permeia várias religiões no planeta. De acordo com essa crença, toda ação (ou mesmo um pensamento ou uma palavra) tem uma reação nos

O medo é a pior crença limitante que existe.

mesmos moldes e vai refletir em nossa vida, seja agora, seja no futuro. Em suma, já ouviu falar daquele ditado "a gente colhe o que planta"? É disso que se trata.

Sabe aquela casa, aquele emprego, aquele relacionamento com os quais você sempre sonhou? Eu acho que tudo flui com mais facilidade quando agimos com amor. Muitas vezes, você vai alcançar os seus maiores desejos apenas porque o amor funcionou como um ímã para atrair coisas boas. A gente precisa se esforçar, eu sei. Até porque não tem como praticar o amor trancado dentro de casa. Você tem de sair para fazer os seus corres, o que invariavelmente significa trabalhar e conviver com outras pessoas. Repito, ninguém faz nada sozinho.

Alguns dias vai ser bem difícil pensar, falar e agir positivamente, não vou negar. Em diversas fases da minha trajetória, também fui movida pelo ódio, aquele que tanto condeno no olhar das pessoas que não me aceitam. Praticar o amor, contudo, é um exercício diário, que vale a pena. Recentemente, prometi à minha mãe que tomaria conta de dois dos meus irmãos quando ela partisse – um deles foi assassinado quando eu era criança, como já contei. Não quero entrar em detalhes, apenas digo que eles ainda precisam dos cuidados dela para sobreviver.

Minha mãe então respondeu, aliviada, que só agora poderia morrer em paz. Até então, ela dizia que não conseguiria descansar sem ter a certeza de que seus filhos estariam em boas mãos, em vez de abandonados à própria sorte. Foi uma decisão que levei muito tempo para tomar, porque não considerava justo, e ainda não considero, alguém ter de cuidar dos filhos adultos, que tomaram decisões erradas, até os últimos dias de sua existência. Mais uma vez, porém, a Lei do Retorno falou mais alto na minha mente. Sei que vai ser melhor dessa forma, para todos.

A única coisa que de fato fiz para mim mesma foi me transicionar. Mesmo assim, levei um bom tempo, você sabe, e o processo só começou depois dos quarenta anos. Não me arrependo dessa suposta "demora". Do Capão Redondo até aqui, foram muitas décadas de labuta, porradas e sacrifícios. Ora seguindo, ora recuando. Mas sempre em frente, com amor. Se eu venci, você também pode vencer. Independentemente do que acontecer no meio do caminho, só não deixe de lutar. Pelos outros, mas especialmente por sua causa própria. Como diz o Emicida, "você é o único representante do seu sonho na face da Terra. Se isso não fizer você correr (...), eu não sei o que vai".[24] Pode contar comigo!

24. EMICIDA. Levanta e Anda. São Paulo: Laboratório Fantasma Produções, 2013. Disponível em: https://www.youtube.com/watch?v=GZgnl5Ocuh8&ab_channel=Emicida. Acesso em: 30 jul. 2024.

Independentemente do que acontecer no meio do caminho, só não deixe de lutar. Pelos outros, mas especialmente por sua causa própria.

CAPÍTULO 12

VIVER PARA CONTAR

Com as pedras que me atiraram, eu construí o meu castelo. Costumo repetir essa frase porque isso não aconteceu apenas naquele fatídico dia em que fui apedrejada, quando eu era adolescente na periferia de São Paulo, mas também em outras incontáveis ocasiões, de maneira figurativa, ao longo da minha trajetória.

O Capão Redondo foi o lugar onde mais sofri abusos. Além de apanhar praticamente todos os dias na rua, por ser diferente, eu era invalidada até mesmo em ambientes que deveriam proteger as crianças – em casa, na escola, na igreja e por aí vai. Embora tenha me tornado motivo de chacota na vizinhança e sido enxotada dali, nunca perdi contato, muito menos deixei de ajudar e me preocupar com as pessoas que lá ficaram. Hoje a história que contam sobre mim no bairro é bem diferente.

Em abril de 2023, participei da 2ª Parada LGBT+ local em um trio elétrico, como coordenadora municipal da diversidade de São Paulo. Dancei, dei entrevistas, discursei, me emocionei. Pois agora todos reconhecem que sou uma mulher empoderada, estudada e independente, isso sem contar que me tornei uma autoridade na pasta LGBTQIAPN+ na capital paulista.

No ano seguinte, estive em uma nova edição do evento. Dessa vez, foi mais especial ainda. Levei meus filhos e minha neta comigo e, ao discursar para o povo, fiz questão de enfatizar a importância de a gente viver sem medo. Assim como a certeza de que todo mundo pode vencer. Fiquei muito feliz com os aplausos, principalmente porque sei que virei um exemplo para muita gente ali. Um retorno triunfal, vamos combinar?

Já ouviu aquela máxima "o que não me mata me fortalece"? Pois é, como você leu ao longo dos capítulos, nos quais tive a honra de mostrar parte da minha história, foram muitas as batalhas que enfrentei. Venci algumas, perdi outras. A guerra, porém, ainda não acabou. Como prefiro olhar o lado bom das coisas, acredito que essas lutas me tornaram uma pessoa resiliente.

O que muita gente não imagina é que esse termo, resiliência, vem da física. Todo material que sofre algum tipo de pressão e mesmo assim volta ao seu estado anterior é dito resiliente. Por isso, as pessoas consideradas resilientes são aquelas capazes de se reinventar diante dos desafios. As sete estratégias que usei para chegar até aqui podem ser úteis na sua trajetória também. Que tal a gente retomá-las a seguir?

Ao se tornar indispensável, sendo a melhor em tudo o que faz, tenho certeza de que muitas portas vão se abrir para você. Foi assim comigo, aquela em quem ninguém "botava fé". Isso implica jamais aceitar o não como resposta. Mas não espere nada de

Ao se tornar indispensável, sendo a melhor em tudo o que faz, tenho certeza de que muitas portas vão se abrir para você.

braços cruzados, meu bem. Estude, planeje, trabalhe: faça acontecer! Para isso, use o tempo a seu favor, cercando-se de pessoas e instituições de confiança, que também acreditem na sua causa.

Às vezes, a gente tem de voltar atrás, abrir mão de certas conquistas em detrimento de outras e recalcular a rota. Falhar faz parte, afinal somos humanos. E nunca podemos nos esquecer disso. Além do mais, as nossas vulnerabilidades nos conectam uns aos outros. Por fim, não se deixe levar pelo ódio destilado pelo patriarcado às minorias, especialmente à comunidade LGBTQIAPN+. Decida amar, sempre. Mesmo tendo combatido tantos abusos, mentiras, traições... nunca deixei de acreditar no amor. Não estou falando somente do amor romântico, logicamente, mas também daquela força maior que permeia o Universo. Está na própria Bíblia: Deus é amor.

O QUE VOCÊ VAI FAZER COM ISSO?

Um dos poucos sonhos que não realizei foi ser apresentadora de um programa de TV. Como expus anteriormente, o principal motivo foi o preconceito. Foi mais ou menos nessa época que comecei a me interessar mais por política. Eu sempre fui uma pessoa inquieta e sensível à dor dos outros, portanto, mais cedo ou mais tarde, provavelmente teria enveredado por esse caminho.

Quando entendi que aquele desejo tinha ficado para trás, não sei se para sempre, mas pelo menos por um tempo, virei a página. A gente tem que ter mais de um plano, não é mesmo? Resolvi então alçar voos ainda maiores. Pensei... então vou ser a primeira presidente trans do Brasil. Dizem que se as pessoas não riem do seu sonho, é porque ele não é grande o suficiente. Cá estou, lutando incansavelmente por mais essa conquista.

Aprender a evoluir e a dar a volta por cima é uma das mensagens de um best-seller inspirador chamado A *bailarina de Auschwitz*, da psicóloga Edith Eva Eger. No livro, a antiga bailarina conta como sobreviveu aos horrores da Segunda Guerra Mundial em um campo de concentração na Polônia. Seus pais foram assassinados em uma câmara de gás, no entanto ela e a irmã sobreviveram. "Nas primeiras semanas em Auschwitz eu aprendo as regras de sobrevivência. Se você conseguir roubar um pedaço de pão dos guardas, vira heroína, mas, se roubar de uma prisioneira, cairá em desgraça e estará morta. A competição e a dominação não levam a lugar nenhum, cooperação é o nome do jogo. Sobreviver é transcender as próprias necessidades e se comprometer com alguém ou algo fora de si mesma",[25] afirma Edith.

Décadas depois de deixar o campo de concentração, já emigrada para os Estados Unidos, Edith se formou em Psicologia e decidiu usar sua experiência para ajudar outras pessoas a se libertarem de traumas do passado. Trabalhou com veteranos de guerra, mulheres vítimas de violência doméstica, mães em luto e tantas outras pessoas que tiveram de reconstruir as próprias narrativas, tal qual ela fez.

Trouxe esse exemplo porque a principal lição da autora é: independentemente do que fizeram com você, o que você vai fazer com isso a partir de agora? "Enquanto você viver, há a chance de sofrer mais. Também há a oportunidade de encontrar um jeito de sofrer menos e de escolher a felicidade, o que exige tomar a responsabilidade para si", ensina Edith. A sua forma de resistir ao

25. EGER, E. E. ***A bailarina de Auschwitz***. Trad. Débora Chaves. Rio de Janeiro: Sextante, 2019.

“Enquanto você viver, há a chance de sofrer mais. Também há a oportunidade de encontrar um jeito de sofrer menos e de escolher a felicidade, o que exige tomar a responsabilidade para si.”

EDITH EVA EGER

nazismo foi se apegar à sua irmã, que esteve ao seu lado o tempo todo no campo de concentração, e à idealização de sair dali para se casar com o namorado. O casamento não se realizou, pois o rapaz não sobreviveu. Edith poderia ter se lamentado até seus últimos dias diante de tantas perdas. Porém, escolheu outro caminho: formou uma nova família e se tornou uma sumidade mundial na psicologia do estresse pós-traumático.

O SENTIDO DA VIDA

Não tenho dúvida de que a escolha por tornar a vida dos outros mais leve, em primeiro lugar por meio da arte e, depois, da política, foi um grande propulsor para mim. Não é uma questão de comparar essa ou aquela tragédia, até porque convenhamos que é difícil competir com o Holocausto. Do mesmo modo, não desejo para ninguém as humilhações e violências que sofri. Todos nós temos um motivo para chorar, uma dor para curar, uma luta para vencer. Então, repito, o que você vai fazer com isso a partir de agora?

Hoje, posso dizer sem sombra de dúvida que sou feliz. Algumas pessoas discordam, principalmente as mais religiosas. Elas alegam que estou me enganando, já que dizem que vou para o inferno, apenas por ser quem eu sou. Até parece que cabe a elas essa decisão. Porém, como explico em minha palestra "Desvendando o Arco-Íris", o racismo não é um problema dos pretos apenas. É, principalmente, um problema dos brancos. São eles que se beneficiam disso, ainda que estruturalmente, por isso deveriam ser os primeiros a combatê-lo. Assim como a LGBTfobia é uma questão para os preconceituosos. Eu estou em paz – e realizada – assim. É o transfóbico que está incomodado e, portanto, tem de mudar.

Todas as manhãs, inclusive, acordo supermotivada. Agradeço a Deus por mais um dia, escolho uma roupa linda e saio para trabalhar. De sol a sol. Ainda que a labuta seja árdua, encaro tudo como uma festa. Porque sou uma pessoa livre e não tenho (como antigamente) que provar nada a ninguém. A minha missão é cuidar de quem precisa, o que dá sentido e propósito à minha existência – isso acontece desde que me entendo por gente.

Quando eu era criança, me recordo que limpava a casa e fazia comida só para agradar a minha mãe. Eu sabia que ela chegaria tarde e cansada do trabalho, mas não iria para cama sem antes me afagar e elogiar. Aquilo enchia meu coração de alegria, então, no dia seguinte, fazia tudo de novo, sem reclamar. Atualmente, o meu esforço está voltado para a comunidade LGBTQIAPN+. Contudo, não nego ajuda para ninguém: é só me procurar nas redes sociais ou nas ruas, como muita gente faz. Desejo que as próximas gerações, especialmente aquelas que são rejeitadas, como eu fui, alcancem facilmente tudo o que eu não tive. Saúde, emprego e, principalmente, educação, cuja falta é a origem de todos os problemas sociais. Mas também torço para que encontrem liberdade para amar e existir.

Além de feliz e realizada, me considero uma pessoa bem-sucedida. Senão, não teria escolhido esse título para o meu livro, é claro. Quando um homem se refere a si mesmo de maneira positiva, as pessoas o chamam de decidido. Se for uma mulher, ainda mais trans, dizem que ela é arrogante. Pois eu tenho todas essas qualidades, sim, e muitas mais.

E antes que alguém diga "Ah, mas nem todo mundo te conhece" ou "Você nem é rica o suficiente para se vangloriar assim", saiba que sucesso, para mim, vai além da fama e dos bens materiais. É ter sobrevivido, no país que mais mata pessoas trans do mundo, para contar a minha história para você. Obrigada por ter chegado até o final desta jornada comigo. Espero também ter te inspirado na busca pelo seu sucesso. Seja qual for o tamanho do seu sonho.